AF819825

MEMOIRE

SUR LA RÉPARTITION LA PLUS ÉQUITABLE

ET

SUR LA PERCEPTION LA PLUS CONVENABLE

DES IMPÔTS.

Supplément au mémoire:

„Sur les moyens d'améliorer fondamentalement et d'une manière durable la situation des classes ouvrières,"

publié à Berlin, en 1849.

Traduit de l'Allemand

par

J. Mellier,

professeur de littérature française, à Berlin.

A BERLIN,

chez G. Reimer.

1850.

AVANT-PROPOS.

Le mémoire mentionné sur le titre de cette brochure, contient aussi dans sa section IV, (pag. 69 à 101) comme appartenant au sujet qu'il traite, des explications sur la répartition la plus équitable et la perception la plus convenable des ***impôts,*** avec un exemple emprunté au royaume de Prusse.

Mais cette partie de ce mémoire a besoin d'un supplément, qui offre une simplification ultérieure de la règle de la répartition des impôts et une correction des nombres de l'exemple. Des réflexions suggérées en partie à l'auteur, par les observations d'hommes d'état éclairés, en partie faites par lui-même, l'ont conduit à la simplification ultérieure de la règle de la répartition, et il a été amené à la nécessité de corriger les nombres de l'exemple, parceque, ce mémoire ayant été écrit hors de chez lui et en l'absence de notices et renseignemens nécessaires, il s'était vu forcé de tirer plusieurs nombres de sa mémoire seule.

Or, comme une répartition équitable et une perception convenable des impôts forment une question très importante et dont la solution est encore loin d'être en pratique, l'auteur considère, pour ainsi dire, comme un devoir de présenter ici le supplément nécessaire à son mémoire. Il n'hésite pas à le faire, bien qu'il y réfute lui même quelques unes de ses propres opinions, car cédant volontiers aux exigences de la justice et de la raison, il n'aspire qu'à s'approcher autant que possible de la vérité et à contribuer au progrès du bien-être général, sans prétendre pour lui-même à aucun profit, ni à aucun titre de gloire.

Le perfectionnement nécessaire des propositions dont il s'agit, pourrait être donné par la correction des paragraphes du mémoire cité qui y sont relatifs; mais de cette manière, la correction n'en serait intelligible qu'à ceux qui possèderaient le mémoire, et l'exposition ne deviendrait pas assez claire. C'est pourquoi l'on a trouvé plus convenable de reproduire entièrement la section sur les impôts, amendée, corrigée et en même temps augmentée par des éclaircissemens ultérieurs et par de nouvelles démonstrations plus rigoureuses encore. Cela sera d'autant plus convenable, que toute la section sur les impôts n'occupe dans l'ancien mémoire que deux feuilles, et que presqu'autant d'espace serait nécessaire pour les corrections isolées et pour les supplémens. Par cette raison, nous reproduisons ici toute la section. Cette reproduction sera intelligible, même indépendamment du mémoire précédent, et les modifications qui y ont été apportées, seront indiquées à leurs places.

§. 1.

Tout ce qui importe au maintien de l'organisation d'un État, au développement et au progrès de sa prospérité, savoir: la force armée, pour la défense de l'État contre les agressions étrangères, la police, pour le maintien de l'ordre à l'intérieur, l'administration de la justice, la direction du culte, l'instruction publique, la police sanitaire, les institutions et les établissemens pour la circulation et le commerce, les institutions pour les progrès des sciences et des arts etc. entraînent des frais considérables; car les personnes qu'on y doit employer, sont tenues de vouer tout leur temps aux devoirs de leurs fonctions, et il faut qu'ils trouvent dans l'accomplissement de ces fonctions les moyens de vivre et de faire vivre leurs familles. Donc les frais résultant de cet état de choses doivent être supportés par les membres de l'État, quelles que soient d'ailleurs sa constitution et la forme de son gouvernement.

Les impôts sont, pour les citoyens, une dépense tout aussi nécessaire et inévitable, que celle pour leurs besoins les plus indispensables et les plus urgents; car sans ce qui a été indiqué ci-dessus, aucun État ne pourrait subsister et se maintenir; ses habitans tomberaient bientôt dans l'anarchie et finiraient par passer sous la domination d'autres États mieux organisés. Personne ne peut être affranchi d'impôts, pas même le plus indigent; car chacun profite des bienfaits de l'ordre et de l'association.

Mais il est rigoureusement juste que les impôts soient *répartis proportionnellement*, et qu'ils soient *perçus de la manière la moins onéreuse* pour les contribuables.

Pour apprécier comment ce but peut être atteint, on doit examiner.

1°. Quelle est la véritable *mesure* des impôts pour les différens individus, et

2°. Quel est le meilleur mode de *perception* des impôts, parceque, une charge même assez modique peut devenir très onéreuse pour les contribuables, p. ex. si on l'exige des indigents, en argent comptant, et en un seul paiement.

§. 2.

Comme le but et l'effet des impôts produisent ce bien-être des individus qui leur vient de l'association commune, il est équitable que chacun contribue aux besoins de l'État, *en proportion de son bien-être.*

Il est vrai que le bien-être des hommes n'est pas seulement matériel, mais qu'il est aussi moral: or, ce dernier ne se prète pas au calcul, et même il ne vient pas ici en considération; car le contentement intérieur est possible dans toute situation. L'individu le tire surtout de lui-même et de sa famille; il ne le doit à l'État qu'autant qu'il dépend de son bien-être matériel.

Donc la véritable mesure des impôts ne peut être basée que sur le bien-être matériel des individus.

§. 3.

Ce bien-être matériel, ou les agrémens de la vie étant très inégal, il est clair qu'une *capitation* serait absolument injuste. Il est superflu de s'étendre sur ce sujet. L'impôt doit être réparti en proportion du bien-être matériel.

§. 4.

Les *impôts partiels* sur les différens besoins et les différentes industries des individus, tels qu'ils subsistent actuellement, et tels qu'ils se sont formés successivement et pour ainsi dire historiquement, ne frappent pas non plus les individus en proportion de leur bien-être.

Les impôts sur le sel, la moûture et les boissons, sont de la même importance pour tous, car chacun a besoin d'une quantité presque égale de ces objets. Ces impôts sont donc à considérer comme une capitation: or, comme on le verra plus bas, déjà l'impôt sur le sel et l'eau de vie dépasse la part de contribution que les classes indigentes ont à fournir aux besoins de l'État, en proportion de leur bien-être. Donc déjà ces impôts blessent la règle fondamentale de la répartition des impôts.

D'autres impôts, dont celui qui en est frappé n'est pas *chargé* effectivement, mais qu'il *avance* seulement pour les récupérer plus tard, comme la contribution foncière, la taxe sur la viande, l'impôt sur l'industrie, le péage sur les routes, les droits de douane, qui enfin sont restitués à ceux qui les ont avancés, par ceux qui consomment les produits bruts ou préparés, sont déjà plus en proportion des besoins des individus et par conséquent de leur bien-être; mais il ne sont nullement propres à rétablir la juste proportion, parceque, comme nous venons de le dire, les impôts sur le sel et l'eau de vie dépassent déjà cette proportion pour les classes indigentes, de sorte que celles-ci n'en sont que surchargées encore davantage.

D'autre part, quelques uns de ces impôts, par leur nature même, sont propres à aggraver et entraver l'industrie utile et le commerce. Par ex. le péage sur les grandes routes n'est rien autre chose qu'un droit de douane à l'intérieur du pays, et chacun sait à quel haut degré de tels droits nuisent au développement de l'industrie. C'est vraiment une contradiction manifeste que de construire à grands frais des routes pour faciliter le mouvement et le commerce, et de les entraver ensuite par des péages qui restreignent leur utilité. Aussi les intérêts extraordinaires, les dividendes, (que ceux qui ont payé les frais de construction des chemins de fer tâchent d'obtenir par un tarif plus élevé, ou par le choix de ce qui, parmi les objets à transporter, rapporte le plus,) ne sont que de véritables péages sur les routes, et tous ces péages entravent et restreignent l'échange des produits, qui est un des moyens principaux qui doivent aider au développement, au progrès et à l'accroissement du bien-être général, et qui même est un des avantages le plus réels de l'association des hommes. En effet, les péages sur les routes entravent l'échange, non seulement parcequ'ils augmentent les prix des objets à transporter, mais bien plus encore par ce que plusieurs de ces objets, qui auraient une plus grande valeur, s'il pouvaient être transportés aux lieux où ils manquent, restent exclus du transport, parcequ'ils ne peuvent en supporter les frais, à cause de leurs poids trop considérable en proportion de leur prix. Par cette dernière considération, une grande partie des avantages des chemins de fer, ce moyen si puissant de faire progresser le bien-être général, sont totalement perdus. Les péages sur les routes pèsent sur la nation bien au delà encore de leur montant même.

La contribution foncière et les différens impôts sur la production et l'industrie, exigent de ceux qui les paient les moyens de les pouvoir avancer, car ils ne leur sont remboursés que peu à peu par ceux qui consomment les produits bruts et ceux de l'industrie. Par cette raison, ils causent un préjudice injuste à celui qui n'a pas ces moyens, vis-à-vis d'un concurrent plus riche que lui, et ils diminuent par conséquent l'utilisation des forces du travail, et entravent la culture des terres et l'industrie. Aussi ces impôts sont il encore augmentés, parceque toute avance d'argent demande à juste droit des intérêts et une garantie pour le risque à courir. Pour le péage sur les grandes routes, cet inconvénient se joint encore aux autres qui lui sont déjà propres.

C'est ainsi que certains impôts nuisent au bien-être général, ou qu'ils entravent au moins son progrès. Or le bien-être de la nation n'est autre chose que la somme du bien-être des particuliers: donc, outre que ces impôts ne sont pas toujours en proportion de ce bien-être, ils lui nuisent encore directement;

et puis les impôts pésent encore plus lourdement sur un bien-être amoindri.

L'impôt actuel, dit impôt par classes, n'est pas non plus apte à rétablir la juste proportion de l'imposition, car il n'est qu'une addition aux autres.

Par toutes ces raisons, les impôts actuels ne sont pas justes; ils sont loin d'être répartis suivant la mesure qui seule est la véritablement équitable; savoir, suivant le bien-être matériel des individus. Sans doute la véritable règle pour établir une juste répartition des impôts a été dans l'esprit des législateurs, mais elle n'a pas encore été mise à exécution.

Dans les derniers temps surtout, on a parfaitement reconnu que les impôts ne sont pas proportionnellement répartis; on a reconnu que les indigens sont surchargés. Ils le sont en effet encore d'autant plus, qu'ils ont à payer l'instruction élémentaire de leurs enfans: charge d'autant plus lourde pour leur famille, que l'entretien des ces enfants leur coûte déjà plus qu'aux autres.

Il s'agit donc de savoir comment une juste répartition des impôts est praticable. On a proposé dans ce but des impôts sur la fortune ou la propriété, et sur les revenus. Voyons comment il en serait de ces impôts.

§. 5.

Au premier coup d'oeil, la *fortune* ou la valeur en argent de la propriété paraît être la véritable mesure du bien-être matériel, et parconséquent celle de l'imposition; mais il s'en faut de beaucoup qu'il en soit ainsi.

Beaucoup de personnes qui n'ont que très peu de fortune, ou qui n'en possèdent même aucune, se trouvent néanmoins dans une position aussi aisée que les riches, par le revenu de leur travail. Et si pour la répartition des impôts, on voulait peut-être considérer un revenu comme les intérêts d'un capital, ce serait *injuste;* car la valeur d'un capital existant est très différente de celle d'un capital imaginaire, qui dépend du produit d'un travail; parceque ce dernier s'évanouit quand le travail cesse, tandis que l'autre reste, et que par conséquent, il dépend beaucoup moins d'un homme de se conserver son revenu que les intérêts d'un capital existant. En outre le bien-être que le possesseur d'une fortune en tire, n'est pas toujours en proportion directe de cette fortune. Donc la fortune ou la valeur de la propriété, n'est pas la mesure du *bien-être.*

Si l'impôt devait être fixé en proportion de la propriété, il serait tout à fait juste, après avoir évalué d'une manière ou d'autre la valeur de la propriété, d'en défalquer les dettes hypothécaires sur cette propriété, parceque ce qui a été mis en gage n'est plus la propriété du possesseur et peut être revendiqué par le créancier. La mise en gage est une sorte de vente, sous condition que l'objet peut être racheté par le remboursement de l'emprunt. Mais alors celui dont toute la propriété a été mise en gage, n'aurait à payer aucun impôt; et même, à la rigueur, la caisse des impôts aurait à payer à celui dont la fortune ne suffit pas pour payer ses dettes; ce qui serait absurde. Donc la fortune n'est pas non plus la mesure de *l'impôt.*

Ensuite la fortune ou la propriété est le produit d'une activité utile; (les lois sont destinées à arrêter et empêcher les activités nuisibles). Donc un impôt sur la fortune contribuerait à entraver les activités utiles et la production; et, entraver la production et l'acquisition d'une modique propriété, nuit au bien-être de la nation.

En dernier lieu, il est impossible au gouvernement d'arriver à la connaissance de la véritable valeur des propriétés, sans pénétrer, de la manière le plus irritante et la plus préjudiciable aux individus, dans leurs conditions personnelles, c'est-à-dire sans léser péniblement leur liberté légale. La valeur des propriétés, tant mobilières qu'immobilières, est tellement indéfinissable, variable et incertaine, que le propriétaire lui-même, avec la meilleure volonté, n'est pas capable de l'évaluer, même approximativement. Un marchand peut être riche aujourd'hui, et pauvre demain. Le propriétaire de biens-fonds n'est pas capable d'en évaluer la valeur, parceque cette valeur dépend de beaucoup d'éventualités, et peut se modifier subitement et considérablement. Par cette raison aussi, la taxation laissée aux contribuables eux-mêmes, n'est pas un moyen sûr d'arriver à la connaissance de leur fortune.

Donc l'impôt sur les fortunes n'est ni juste, ni équitable.

§. 6.

Il en est presque de même des *revenus*. Les revenus, ***sans*** et ***avec*** travail, ont des valeurs très différentes; par les raisons que nous avons déjà indiquées plus haut. Supposons, par exemple, qu'un individu ait un revenu de 1000 francs par an qu'il reçoit d'un autre pour un travail convenu, et supposons que ces deux individus conviennent du rachat de la rente. Il est clair que le débiteur de la rente ne pourrait pas la payer avec 25 000 fr. c'est-à-dire avec la somme dont les intérêts à 4 pour cent égalent la rente; car, par cette somme il paierait la rente de 1000 fr., non pas pour un temps déterminé, mais à perpétuité. Il ne pourrait payer que la somme qui, avec ses intérêts, offre au rentier une somme de 1000 fr. par an pour un temps déterminé, et cette somme peut être bien inférieure à celle de 25 000 fr. Par exemple, pour 10 ans, elle n'est, eu égard aux intérêts, que de 8110 fr. Donc deux revenus, sans travail, et avec travail, constituent des valeurs très différentes pour le bien-être matériel, et en conséquence ils ne sauraient être imposés au même taux. En outre deux revenus, sans travail, et avec travail pénible, offrent des comforts très divers; et parconséquent le revenu n'est pas la juste mesure de ***l'impôt***.

Quant aux dettes et aux intérêts des dettes, il en est des revenus comme des propriétés.

Un impôt sur les revenus entraverait aussi la production et l'industrie.

Puis, le même revenu offre beaucoup moins de comfort à celui qui a une famille à nourrir, qu'à celui qui est seul, et beaucoup moins à celui qui habite un lieu où la vie est chère, qu'à celui qui en habite un où elle est à meilleur marché.

Enfin ce ne serait que ceux qui ont une solde fixe, dont on connaîtrait les revenus; tous les autres: marchands, fabricants, maitres de métiers, agriculteurs etc. ne sont pas capables eux-mêmes de déclarer et d'évaluer leurs revenus.

Donc aussi *l'impôt sur les revenus*, n'est ni juste ni équitable.

§. 7.

Il est vrai qu'à première vue, la taxe des *fortunes* ou des *revenus* a beaucoup d'apparence d'équité; mais cette apparence n'est qu'un faux jour, qui ne provient que d'un aperçu superficiel et non pas d'un jugement approfondi. En effet, la première idée de ces sortes d'impôts paraît n'avoir été que la suite de la conviction de l'injustice absolue d'une capitation ou d'un impôt égal pour tous, tandis qu'elle paraît être partie du point, que l'on doit prendre garde de demander et de percevoir beaucoup là où peu se trouve; ou aussi de l'opinion qu'il est juste de prendre beaucoup là où il y a beaucoup, et peu où il ne se trouve que peu; mais cette opinion ne repose ni sur la justice, ni sur l'équité. Car si cela était, il serait de droit que l'homme aisé payât tout ce qu'il achète plus cher que celui qui à moins de fortune que lui. Cela a lieu effectivement çà et là, mais non pas de droit, parceque la valeur et le prix des choses ne dépendent en aucune manière de la fortune de l'acheteur, mais pour lui seulement, de ses besoins. Ce principe ne serait que le commencement de la mise à exécution des principes du communisme niveleur, c'est-à-dire du brigandage. On n'a pas le droit d'imposer plus haut celui qui possède beaucoup, par la raison qu'il possède plus, mais uniquement par la raison que sa fortune ou son revenu plus élevé, (dont l'ordre et le gouvernement de la societé lui procurent la possibilité de l'acquisition et la protection nécessaire pour la conserver ou l'augmenter,) lui peut donner plus de comfort. Mais comme la fortune et le revenu ne sont pas la véritable mesure de ce comfort, ils ne sont pas la juste mesure de *l'impôt*. Il se peut bien que la perception d'un impôt sur la propriété ou sur les revenus soit plus facile et plus sûre que celle d'une capitation, parcequ'elle est moins exposée à l'inconvénient de demander beaucoup là où il n'y a que peu; mais par cela, cet impôt n'est pas juste.

§. 8.

Ni la capitation, ni la fortune, ni les revenus ne sont donc la mesure juste et équitable de l'imposition, comme nous venons de le démontrer. Quelle est donc la juste et équitable mesure?

La réponse à cette question est facile, dès qu'on a égard à ce principe incontestable, que les impôts doivent être perçus en proportion du bien-être matériel des contribuables. Évidemment *les dépenses annuelles* des individus, constituent la véritable et unique *mesure* de l'impôt, car le comfort, et parconséquent le *bien-être matériel* des individus, sont en proportion directe de leurs dépenses, au moins d'après leur propre opinion: et comme le bien-être matériel est garanti aux individus par l'ordre de la société et par son administration, il est *juste* qu'ils contribuent aux frais de cette administration, en proportion du bien-être matériel qu'ils en reçoivent et parconséquent de *leurs dépenses,* en ayant égard d'ailleurs, comme cela s'entend, à la plus ou moins grande *nécessité* et urgence des dépenses et à la *cherté du domicile.*

L'impôt sur les dépenses, n'a pas en outre les inconvéniens des autres modes d'imposition.

D'abord les dépenses ne sont pas à un si haut degré et si subitement *variables,* que la fortune et les revenus.

Puis elles sont *au jour*. On en peut demander la déclaration aux individus eux-mêmes suivant certaines règles, et sans trop pénétrer pour cela dans le détail intérieur de leur condition. Les déclarations peuvent généralement être jugées avec une précision suffisante, et en cas de contestation être soumises à l'arbitrage des concitoyens.

L'impôt sur les dépenses ne frappe et ne gène pas ***l'industrie;*** au contraire, il ne peut que l'exciter, parceque cet impôt ne croît pas nécessairement avec la production.

Enfin il frappe et retient la ***prodigalité*** qui trop souvent n'est qu'immorale et nuisible au bien-être général; il incite à l'économie qui non seulement favorise la moralité, mais qui en même temps est un des plus puissans moyens d'accroître la richesse nationale; car les richesses ne se forment que si les dépenses sont inférieures aux revenus; et si des fortunes se sont réalisées, l'augmentation des dépenses vient par elle-même sans tomber dans la prodigalité.

La seule objection qu'on puisse faire contre l'impôt sur les dépenses, est que celui qui aime à économiser serait trop peu atteint par cet impôt; mais cette objection, en tant qu'elle a en vue les avares, est de peu d'importance, et quant à ceux qui économisent raisonnablement, elle est fausse. Car le nombre des véritables avares est très restreint, et leurs héritiers ordinairement ne sont pas également avares; ils auront bientôt compensé ce que leur devancier avare aura trop peu payé d'impôts. D'un autre côté, quant à ceux qui n'économisent que raisonnablement, il est bon et juste qu'ils paient moins que ceux qui ne sont pas économes; ils méritent un allègement, parceque l'économie favorise la moralité et engendre les richesses nationales. De leur côté, les dissipateurs méritent une amende, parceque la prodigalité produit l'effet contraire. Aussi le dissipateur n'aura pas à se plaindre beaucoup, car s'il dépense son argent pour des objets futiles ou inutiles, il n'est pas injuste qu'il contribue aussi en proportion à quelque chose d'utile, c. à d. à la conservation de l'État.

§. 9.

Comparons en résumé, les effets des impôts sur la fortune ou sur les revenus, avec ceux de l'impôt sur les dépenses.

I. Il est impossible aux individus d'évaluer eux-mêmes leurs fortunes ou leurs revenus; à plus forte raison encore est-ce impossible au gouvernement. Dans le plus grand nombre de cas, l'évaluation n'est pas même possible approximativement, encore moins, exactement. Les dépenses au contraire sont au jour, et les déclarations des contribuables peuvent assez facilement être jugées. Demande-t-on au contribuable une déclaration de sa fortune ou de ses revenus, on lui demande l'impossible; on le force à mentir, jusqu'au parjure, et les lois devraient s'opposer à un tel abus. Demande-t-on au contraire au contribuable la déclaration de ses dépenses, on ne lui demande que ce qu'il peut et doit savoir, et de dire la vérité.

II. Les fortunes et les revenus sont très variables; ils peuvent promptement se réduire de beaucoup à rien: les dépenses sont beaucoup moins variables.

III. Un impôt sur les fortunes ou les revenus, frapperait et gènerait l'industrie et l'activité qui vise à la fortune et aux revenus: l'impôt sur les dépenses s'opposerait à la prodigalité, favoriserait l'économie et par cela, la moralité et l'accroissement des richesses nationales.

IV. L'impôt sur les fortunes ou revenus peut assez souvent dépasser les moyens des contribuables: l'impôt sur les dépenses ne le peut jamais; car personne ne peut subsister sans dépenses, et l'addition aux dépenses qu'occasionne l'impôt, n'est jamais écrasante. Ce que les plus indigents ont à payer, en argent comptant, n'est, comme nous le verrons plus loin, que la 33ème partie de leurs dépenses.

V. Enfin (et c'est le point capital) les fortunes et les revenus ne sont pas, comme il a été démontré plus haut, la véritable mesure du bien-être que les individus doivent à l'association, et parconséquent ils ne sont pas la véritable ***mesure*** de l'imposition: les dépenses au contraire sont la véritable ***mesure*** du bien-être, et par suite aussi la véritable ***mesure de l'impôt.***

Donc ce principe fondamental est très bien posé:

Que les dépenses annuelles des individus doivent être considérées comme la mesure véritable et la seule juste et équitable des impôts.

Cela posé; nous aurons à considérer ce qui suit.

§. 10.

1°. Deux individus vivant dans des conditions égales, et faisant des dépenses égales, mais dont l'un a une famille à nourrir et l'autre est seul, ne peuvent être imposés au même taux; car une grande partie des dépenses qui sont inévitables au premier, ne le sont pas au second, et les membres de la famille du premier tirent un moindre comfort de leurs dépenses que l'autre qui est seul.

Nommons ***unité d'imposition,*** la part qui, des *moindres* dépenses dont une famille puisse vivre, revient à l'un des membres de la famille, les dépenses étant divisées en autant de parties égales que la famille a de membres. Cette unité sera alors imposée également haut, quel que soit le montant total des dépenses, de sorte qu'il ne s'agit que de connaître le nombre d'unités, suivant lequel l'impôt augmentera alors pour les dépenses plus considérables.

Ceci posé, voici la règle suivant laquelle la différence des nombres des membres de la famille, pourra être introduite dans le calcul de l'impôt.

Déduisez du nombre des unités d'imposition qui représentent les dépenses d'une famille, autant de fois que la famille a d'enfants ou pupilles, une partie déterminée, nommément sa 20ème partie ou 5 p. c., et pour la femme ou toute autre personne que le chef de famille a préposée aux soins du ménage, le double, c'est-à-dire la 10ème partie: le reste sera le nombre d'unités d'imposition à frapper par la taxe.

Selon cette règle, le nombre d'unités d'imposition à taxer, et par suite l'impôt lui-même, se trouvera, pour des dépenses égales, d'autant plus petit que le nombre des membres de la famille est plus grand. Par exemple: soit le montant des dépenses d'une famille égal à 120 unités d'imposition. Pour 8 enfans ou pupilles, il y aura à déduire du nombre 120, 8 fois 5 p. c. et une fois 10 p. c. ou bien 50 p. c., par conséquent 60 unités. Si la famille, au lieu de 8 enfants n'en avait que 3, il n'y aurait à déduire que 3 fois 5 p. c. et 1 fois 10 p. c.; fait 25 p. c.; par conséquent 30 unités. S'il n'y avait point d'enfants, il n'y aurait à déduire que 10 p. c. pour la femme, par suite 12 unités. Si enfin, il n'y avait ni femme, ni enfants, il n'y aurait rien à déduire. Donc une famille, dépensant 120 unités d'imposition, sera frappée d'impôts:

Pour 60 unités, si elle à 8 enfants, à côté de la femme.
- 90 - si elle n'a que 3 enfants et la femme.
- 108 - s'il n'y a que la femme.
- 120 - s'il n'y a ni femme ni enfants.

Cette proportion parait être juste.

§. 11.

2°. Il est équitable que l'imposition ait aussi égard à la cherté du domicile, parceque, de deux familles qui vivent de dépenses égales, celle qui habite un endroit cher, est forcée de dépenser plus pour ses besoins inévitables que celle qui se trouve dans un endroit moins cher. Il faut que la dernière soit taxée pour un plus grand nombre d'unités d'imposition.

De cette circonstance, on pourra tenir compte suivant la règle extrêmement simple:

De taxer également haut toutes les unités d'imposition, quelle que soit leur valeur en argent.

Car la même dépense, énoncée en unités d'imposition, en donne un nombre plus grand pour un domicile moins cher, parceque la valeur en argent, c. à d. la part qui, des moindres dépenses possibles dont une famille puisse vivre, revient sur un seul de ses membres, est moindre dans un endroit moins cher que dans un endroit plus cher.

Si par exemple, une famille composée de 5 personnes, et dépensant annuellement 2400 fr., est domiciliée dans un endroit cher, où l'unité d'imposition a été évaluée à 80 fr., sa dépense est de 30 unités. Si une autre famille, composée également de 5 individus, et dépensant également 2400 fr., en vivant dans les mêmes conditions, a son domicile dans un endroit moins cher, où l'unité d'imposition n'est évaluée qu'à 60 fr., sa dépense est de 40 unités. Cela donne, selon la règle du calcul de l'impôt (§. 10.) pour la première famille 30 moins 3 et 2 fois 5 p. c., ou 30 moins 25 p. c., donc $22\frac{1}{2}$ unités; pour l'autre famille, 40 moins 25 p. c., ou bien 30 unités. Donc, comme l'impôt d'une unité doit être partout le même, la première famille aura à payer le montant de l'impôt pour $22\frac{1}{2}$ unités, l'autre pour 30 unités. La dernière aura donc à payer un tiers de plus que la première, dans l'endroit plus cher; ce qui est juste, parcequ'un impôt égal péserait plus lourdement sur la première que sur la seconde famille. Dailleurs, suivant notre règle, l'indigent et l'ouvrier ne seront pas frappés outre mesure par un impôt plus élevé dans un endroit moins cher, parceque dans un tel endroit, il dépense moins que dans un endroit cher.

§. 12.

Outre ces deux circonstances (§. 10. et 11.), on a eu encore égard, dans l'ouvrage mentionné dans l'avant-propos, à une troisième considération; savoir:

Les dépenses, exprimées en unités d'imposition, ne sont pas encore la mesure directe de l'impôt; c'est-à-dire que l'impôt ne peut pas être fixé simplement en proportion des dépenses. Il ne suffit pas, par exemple, que l'impôt de celui qui dépense 8000 fr. par an, soit le décuple de l'impôt de celui qui n'en dépense que 800, les deux étant domiciliés dans le même lieu, et le nombre des individus composant leurs familles étant égal. Il faut que l'impôt du premier dépasse le décuple. En voici la raison:

Les dépenses sont toujours composées de trois parties distinctes.

1°. Dépenses absolument indispensables: nourriture, habillement, logement et chauffage.

2°. Dépenses pour quelques agrémens et comforts; une nourriture meilleure, logement et vêtemens meilleurs, plaisirs honnêtes et permis.

3°. Dépenses pour luxe et toutes choses dont on peut se passer sans souffrir.

Or, il se peut que toutes les dépenses de l'indigent soient de la première catégorie et qu'il ne lui reste rien, même pour les dépenses de la deuxième; tandis qu'une part considérable des dépenses de celui qui jouit de quelqu'aisance, se trouve dans la deuxième et même dans la troisième catégorie. Donc celui qui n'a à dépenser par an que 800 fr. trouvera beaucoup plus de difficulté à payer 1 fr. d'impôt que celui qui dépense 8000 fr. n'en trouvera à payer 10 fr. Le premier sera contraint de s'imposer des privations pour payer 1 fr., tandis que l'autre n'aura à se priver que d'une minime part de son superflu: l'argent a, pour ainsi dire, une valeur différente pour chacun d'eux. L'un paie au moyen de sacrifices plus pénibles que l'autre, le bien que lui procure l'association; donc il est juste que celui qui dépense 8000 fr. paie plus que le décuple de l'impôt de celui qui ne dépense que 800 fr.

Cependant il ne faut pas toutefois perdre de vue, que les dépenses No. I de première nécessité ne sont pas égales pour les deux familles citées dans notre exemple, ni même celles No. II; car généralement celui qui dépense 8000 fr. sera intellectuellement au dessus de celui qui n'en dépense que 800; par la raison qu'il ne peut gagner les moyens de faire ses dépenses plus considérables que par une intelligence plus élevée et une activité plus ingénieuse. Or, pour celui qui est plus ingénieusement actif, beaucoup des choses dont le simple manouvrier n'a nullement besoin, sont pour lui des objets de première nécessité; par exemple, les études, des livres, des outils différents pour l'exercice de son industrie, une habitation et des vêtemens plus convenables, une meilleure nourriture etc. Enfin les dépenses plus considérables de l'homme aisé aident à nourrir le pauvre.

Donc il ne serait pas juste de dire que l'impôt augmente de nouveau en proportion des dépenses, ce qui dans l'exemple ci-dessus produirait le centuple; il ne peut augmenter que dans une progression moins forte. Il est évidemment impossible de fixer ici la véritable proportion, par un calcul basé sur l'état réel des choses; mais toutefois il paraît juste qu'on ait égard à la circonstance énoncée dans ce paragraphe, et l'impôt ne paraît ni trop bas ni trop élevé, si on le porte au double, à côté de la simple proportion, en allant de la dépense la plus minime à la plus haute, de sorte que si, par exemple, la dépense la plus forte était le centuple de la dépense la plus faible, la taxe de cette première serait deux cents fois aussi forte que celle de la dernière.

La règle la plus simple pour calculer l'impôt d'après ce principe, serait la suivante:

Diviser les dépenses d'une famille, exprimées en unités d'imposition, par le nombre des individus composant cette famille. Doubler le nombre d'unités d'imposition que l'on a trouvées pour chaque individu et soustraire une unité de ce nombre: Multiplier le reste par le nombre des membres de la famille; et on aura le nombre des unités d'imposition pour lesquelles elle devra payer l'impôt.

Donc, si par exemple, le nombre des unités d'imposition revenant à un membre d'une famille, présentait le chiffre de 10, l'impôt de cet individu ne serait pas 10fois celui d'une unité, mais 20fois moins 1, c'est-à-dire 19fois cet impôt. La règle satisfait d'abord à la condition que la taxe ne doit jamais dépasser le double du multiple de la dépense, et puis la condition que le résultat du calcul s'accroît rapidement, tandis qu'aussi, de l'autre côté, si la depénse ne dépasse que de peu la plus faible, le résultat n'est que peu au dessus de l'unité. Si, par exemple, la dépense n'était que $1^{1}/_{3}$ fois la plus faible, la règle ne donne que $2^{2}/_{3}$ moins 1, c. à d. $1^{1}/_{3}$, et non pas le double $2^{2}/_{3}$.

§. 13.

Les raisons qui doivent faire prendre en considération la circonstance énoncée en tête du paragraphe précédent, sont sans doute irrécusables; mais on peut faire les objections suivantes contre l'application de la règle.

1°. On peut dire que la règle, bien qu'elle soit de la plus grande simplicité possible, est trop compliquée encore. Sans doute elle ne le serait pas pour le gouvernement, ni même pour ses agents subalternes; car le calcul, selon la règle, est de plus simples; et si même ce calcul était considérable, un travail qui fait prévaloir la justice et l'équité, ne doit jamais être évité. Mais pour la grande masse des contribuables, la règle est effectivement trop compliquée, et comme il est important de donner aux contribuables eux-mêmes la conviction qu'ils ne sont imposés qu'équitablement, la règle offre effectivement des difficultés.

2°. On peut objecter qu'aussitôt que le résultat de la reflexion d'où provient la règle, doit être exprimé en nombres, comme cela doit avoir lieu nécessairement, il est inévitable de procéder en cela plus ou moins arbitrairement. En effet, il a été bien démontré que les dépenses plus élevées doivent être taxées dans une proportion plus forte que celle du simple multiple de la dépense la plus faible, mais il est impossible de calculer la véritable *mesure* de cette proportion. Cela ne se fait qu'arbitrairement, si l'on décide que le multiple doit être *doublé* pour les dépenses les plus fortes.

3°. Y a-t-il lieu de prendre en considération la circonstance suivante. Plus bas, après avoir calculé les impôts suivant les simples règles (§. 10. et 11.), en prenant notre exemple en

Prusse, nous les calculerons aussi suivant la règle (§. 12.), et on verra sortir delà un résultat très remarquable, à savoir que suivant ce dernier calcul, les impôts des classes les moins aisées ne se trouvent être que de *très peu* au dessous de leur montant, calculé selon la simple proportion des dépenses; ce qui offrira en même temps une preuve très concluante que les indigents, si même on surchargeait les riches, seraient beaucoup moins soulagés qu'on ne le croit généralement.

§. 14.

Par toutes ces raisons, il sera mieux *de mettre tout à fait de côté* la réflexion (§. 12.) et la règle qui en a été tirée, et de calculer les impôts seulement suivant les règles les plus simples (§. 10. et 11.) savoir:

De défalquer du nombre des unités d'imposition, qui exprime les dépenses d'une famille, la 20ème partie pour chaque enfant ou pupille, et la 10ème partie pour la femme ou toute autre personne préposée aux soins du ménage, et de taxer également haut chaque unité restante, quelle que soit sa valeur en argent.

Cette règle est si extrêmement simple, que tout individu quelconque, même le plus borné, la comprendra, et d'autant plus volontiers que la diminution du nombre des unités d'impôt est à son profit.

La simplification du calcul des impôts que nous venons de proposer, est cet amendement de calcul dont on a parlé dans l'avant-propos.

§. 15.

Il s'agit maintenant de savoir comment on pourra *parvenir facilement à la connaissance du montant des dépenses des contribuables*, en ne pénétrant que le moins possible dans l'intérieur de leur condition.

Pour cela, il faut d'abord remarquer ce qui suit, concernant ceux qui sont *à la solde d'autres personnes.*

L'imposition devra diviser ces personnes en deux classes.

La première classe comprendra ceux qui prètent leur service seulement au comfort de celui qui les paie; comme les domestiques et les serviteurs de toutes les conditions.

La seconde classe comprendra ceux qui travaillent pour le métier de celui qui les paie; comme les compagnons ou garçons des métiers, les ouvriers dans les fabriques, les journaliers dans l'agriculture etc.

Les salariés eux-mêmes, de *deux* classes, seront évidemment à imposer en proportion des dépenses qu'ils auraient à faire selon leur état et leur manière de vivre, si leurs services leur étaient payés intégralement en argent comptant, ce qui dans beaucoup de cas n'aura pas lieu, soit en partie, soit en totalité; à savoir, pour les cas où le maître qu'ils servent, leur donne le logement, la nourriture, les vêtemens etc. au lieu d'argent, ou en complément de leur salaire en argent.

D'un autre côté, celui qui paie le salaire ne doit pas être imposé pour les frais que lui occasionnent les salariés de la seconde classe qui travaillent pour son métier, mais il le doit être, en tout cas, pour ceux de la première classe qu'il paie pour son comfort personnel.

Car les services des aides de métiers ne sont pas payés par le maître des métiers pour consommer leurs produits, mais pour les revendre, et pour gagner par le profit qu'il espère en tirer, les moyens de sa propre subsistance, de sorte que le salaire qu'il paie n'est pas une dépense faite pour lui-même, mais seulement une avance. Par cette raison, il ne peut pas être imposé pour les frais de ce salaire; comme par exemple le marchand ne peut pas être imposé pour le coût des marchandises qu'il achète pour les revendre.

Au contraire les services des salariés de la première classe sont payés par le maître, en vue de garder pour lui-même leurs produits et pour les faire servir à son comfort personnel: donc les frais de ce salaire forment une partie essentielle de ses propres dépenses, et il devra être imposé pour cette partie; de même qu'un marchand est imposable pour la partie des denrées que lui-même et sa famille consomment. Il n'y a pas ici aucune double imposition; car un domestique, par exemple, qui loge hors de la maison de son maître et qui touche son salaire entier en argent comptant, est d'abord évidemment imposable pour les dépenses que nécessitent son existence et son entretien, et il est parfaitement égal que le domestique soit payé en argent comptant, ou qu'il soit rémunéré en tout ou en partie par la nourriture, le logement, l'habillement etc. D'un autre côté, les dépenses du maître sont augmentées par les frais que lui occasionne son domestique, de sorte qu'il a aussi à payer l'impôt pour cette partie de ses dépenses.

Dans les cas où les services d'un salarié sont payés par le maître en partie pour son métier, en partie pour son comfort, comme par exemple, les services d'un homme de peine dans une maison, le salarié sera toujours frappé par l'impôt pour le total de ses dépenses, tandis que son maître ne le sera que pour une partie du salaire; par exemple, pour la moitié.

§. 16.

Cela posé, les dépenses des différens individus pourront être évaluées comme il suit:

I. Les dépenses de tous ceux qui vivent d'une manière uniforme, simple et frugale, pourront être taxées par le magistrat ou le conseil de la commune, avec toute la sûreté et l'exactitude nécessaires, et en tenant compte de la cherté du domicile. Le nombre des individus de cette catégorie est très considérable; ils forment même la majorité de la population: ce sont les manouvriers, journaliers, artisans et domestiques de tout genre et des deux sexes, en ville et à la campagne, les aides et compagnons des métiers, les ouvriers des fabriques, les maîtres de métier qui travaillent sans compagnons, les propriétaires de petits biens, les petits marchands et colporteurs etc.; en somme, tous ceux qui mènent une existence modeste et frugale. Les dépenses de tous ceux-ci pourront être taxées assez exactement selon leurs *gains* et leurs *revenus* qui sont approximativement connus de leurs concitoyens; et leurs dépenses peuvent être évaluées à une somme égale. Cela est très favorable pour le calcul de l'impôt, où il s'agit surtout de ne pas surcharger les indigens. Il s'entend qu'il faudrait donner aux magistrats des communes des règles générales pour la taxation, afin d'atteindre la conformité et pour éviter l'effet de vues présomptives et erronnées.

II. De tous ceux qui jouissent d'un revenu fixe qui seul les fait vivre, par exemple, la plupart des fonctionnaires et employés, il est à présumer qu'ils dépensent tout leur revenu: donc leurs dépenses sont parfaitement connues. Si l'un ou l'autre prétend dépenser moins (ce qui d'ailleurs arrivera rarement), il sera tenu d'en fournir la preuve. Ceux qui, à côté de leur emploi, dont les appointemens sont si modiques qu'ils ne peuvent suffire à leur existence, possèdent encore d'autres revenus, ainsi que ceux qui notoirement dépensent plus que le montant de leur salaire, tombent dans la classe suivante.

III. Ce sont ceux qui, vivant avec plus ou moins d'aisance, n'ont un revenu fixe et exactement évaluable, ni par d'autres, ni par eux-mêmes: ce sont les marchands de tout genre, les maîtres de métiers travaillant avec des compagnons, les fabricans et autres industriels, les propriétaires de maisons et de terres, les artistes, médecins, savants, avocats, rentiers etc. Tous ces individus seront tenus de taxer et de *déclarer eux-mêmes leurs dépenses;* non pas en bloc, mais spécifiées suivant certaines règles généralement prescrites; savoir d'après le loyer de leur habitation qui, à la campagne et dans les petites villes, pourra être évalué d'après les prix d'achat taxés ou connus de la maison, et pour les propriétaires dans les grandes villes, d'après les autres loyers; puis suivant le nombre de domestiques et autres objets de comfort, par exemple les équipages, chevaux de selle, etc. et enfin d'après un certain multiple du loyer pour les frais de consommation; cette dernière partie eu égard au nombre des membres de la famille, au rang, à l'état social et à la manière de vivre notoirement connue du contribuable. De tout cela, on peut avec raison exiger du contribuable une déclaration suffisamment exacte, et même au besoin, on peut lui demander le serment sur sa déclaration, car il peut et il doit savoir ce que l'on demande de lui, autrement que pour la fortune et le revenu que, dans la plupart des cas, les possesseurs eux-mêmes sont incapables d'évaluer.

Les magistrats examineront et jugeront alors les déclarations. Si le contribuable se croit surchargé par une augmentation de la somme déclarée que le magistrat aura peut-être trouvée juste, il sera tenu de le prouver, et dans le cas extrême, le jugement de ses concitoyens devra juger en dernier ressort; mais il arrivera rarement que le contribuable aura recours à ce dernier moyen. Dans beaucoup de cas, les contribuables auront un avantage ou croiront en avoir un, en faisant une déclaration excédant le montant de leurs dépenses; comme par exemple pour les élections des députés et conseillers municipaux etc.

§. 17.

C'est de cette manière que l'on parviendra à la connaissance des dépenses des contribuables, sans pénétrer trop avant dans leurs conditions intérieures, et avec une exactitude beaucoup plus précise que s'il s'agissait du montant des fortunes ou des revenus. Or, la sûreté des résultats sera d'autant plus suffisante que ce ne serait pas un mal, comme nous le verrons bientôt, que toutes les taxes fussent fixées trop faiblement, parcequ'il ne s'agit que de connaître aussi exactement que possible la véritable proportion des dépenses. Par cette raison, il faudra surtout bien se garder de ne pas taxer trop haut les personnes de la première classe (§. 16.).

Du reste, il s'entend que généralement, pour toutes les évaluations, on n'aura à introduire dans le calcul que des nombres entiers d'unités d'imposition, tandis que la valeur en argent d'une unité d'imposition est aussi fixée en nombre rond de thalers ou de francs. Si le nombre d'unités d'imposition tombe entre deux nombres entiers un peu élevés, on prendra le plus faible.

L'imposition décrite serait en quelque sorte semblable à celle par classes, aujourd'hui en pratique; cependant elle en diffère essentiellement, parcequ'elle sera calculée d'une toute autre manière; que cet impôt ne serait pas un impôt supplémentaire, comme celui par classes, mais une taxe unique; et qu'enfin il serait perçu tout autrement que par le mode actuel.

§. 18.

Après avoir calculé d'un côté la somme des nombres des unités d'imposition de tous les contribuables, et que d'un autre côté la somme des recettes dont le gouvernement a besoin aura été fixée, cette dernière somme divisée par la première donnera immédiatement le chiffre de l'impôt qui tombe sur chaque unité d'imposition, et cet impôt multiplié par le nombre d'unités d'imposition des différentes familles ou individus, donnera le ***montant de l'impôt*** qu'ils auront à payer.

Il est évident qu'un calcul exact de l'impôt, dont les citoyens d'un État seront frappés, d'après les principes ci-dessus, n'est possible que jusqu'à ce que les nombres d'unités d'imposition pour les différentes personnes ont été effectivement calculés sur le montant de leurs dépenses; mais pour donner une idée générale des résultats de ce genre d'imposition, nous prendrons le royaume de Prusse pour exemple, et nous essaierons un calcul ***approximatif,*** par chiffres moyens.

Dans un tel calcul, nous ne pouvons évidemment avoir égard, ni aux individus isolés, ni à la variété dans les nombres des membres des familles, ni à la différence de la cherté de l'existence dans divers endroits, cherté de laquelle dépend la valeur en argent des unités d'imposition: nous ne pouvons que supposer, comme chiffre moyen, 5 personnes par famille, de sorte que les $16^1/_2$ millions individus, formant la population de la Prusse, sont considérés comme formant 3 300 000 familles. (Dans l'écrit cité dans l'avant-propos, on avait supposé 17 millions d'habitans.) Pour la valeur en argent d'une *unité d'imposition*, nous mettrons, comme *chiffre moyen*, 56 fr. 25 cent. (15 Thlr. de Prusse), en partant du principe, qu'en chiffre moyen, $562^1/_2$ fr. (150 Thlr.) par an, sont la moindre somme qui puisse suffire à l'existence et à l'entretien d'une famille composée du mari, de la femme et de 8 enfants; puis nous ne supposerons dans ce calcul *approximatif* que 7 classes différentes de familles, savoir:

de $281\frac{1}{4}$, $562\frac{1}{2}$, 1125, 2250, 4500, 11250 et 45000 fr. de *dépenses par an*,
ou bien de 5, 10, 20, 40, 80, 200, 800 *unités d'imposition*.

Suivant ce que l'on peut conjecturer des résultats de l'*impôt par classes*, présentement en usage en Prusse, il existe

Une famille de $281\frac{1}{4}$, $562\frac{1}{2}$, 1125, 2250, 4500, 11250, 45000 fr. dépenses par an,
sur $5\frac{1}{10}$, 3, $4\frac{1}{8}$, 6, 22, 66, 660 du total.

Cela posé, on trouve ce qui suit, en faisant l'application de la règle (§. 14.).

Pour les familles de la *première* classe, où aux moindres dépenses, il y a à rabattre de leurs cinq unités de dépenses 3 fois 5 p. c. pour les trois enfants et 10 p. c. pour la femme, c'est-à-dire 25 p. c. ou un *quart*, reste $3^3/_4$ *unités*, pour lesquelles la famille devra payer l'impôt. Pour toutes les autres classes, il y aura également à défalquer *un quart* de leurs nombres d'unités d'imposition, de sorte que les nombres d'unités d'imposition, pour les classes 2—7 sont $7^1/_2$, 15, 30, 60, 150 et 600. Il s'entend que dans le calcul exact, selon les véritables données, il en sera autrement; on devra défalquer plus ou moins d'un quart selon les différens nombres des membres des familles.

Voici le tableau du calcul approximatif:

Classes	Nombres des familles	Savoir 1 sur	Dépenses annuelles de la famille en francs	Dépenses annuelles de la famille en unités d'imposition
No. 1.	645 000	$5\frac{1}{10}$	$281\frac{1}{4}$	5
- 2.	1 100 000	3	$562\frac{1}{2}$	10
- 3.	800 000	$4\frac{1}{8}$	1125	20
- 4.	550 000	6	2250	40
- 5.	150 000	22	4500	80
- 6.	50 000	66	11 250	200
- 7.	5 000	660	45 000	800
Total	3 300 000			

Classes	Total du nombre d'unités d'imposition	Total des dépenses annuelles fr.	Nombre des unités à imposer: Pour une famille	Nombre des unités à imposer: Total
No. 1.	3 225 000	181 406 250	$3\frac{3}{4}$	2 418 750
- 2.	11 000 000	618 750 000	$7\frac{1}{2}$	8 250 000
- 3.	16 000 000	900 000 000	15	12 000 000
- 4.	22 000 000	1237 500 000	30	16 000 000
- 5.	12 000 000	675 000 000	60	9 000 000
- 6.	10 000 000	562 500 000	150	7 500 000
- 7.	4 000 000	225 000 000	600	3 000 000
Totaux	78 225 000	4400 156 250		58 668 750

§. 19.

Maintenant suivant le budget de 1849, les recettes dont a besoin le gouvernement prussien, sont de 332 160 919 fr.

Sur cette somme, la partie suivante ne lui revient pas par des impôts, mais par d'autres revenus, savoir:

	Ci-contre	332 160 919 fr.
Des domaines et forêts . .	44 248 920 fr.	
De la loterie	3 899 689 -	
Des mines, usines et salines .	22 347 097 -	
De la poste	26 029 913 -	
De la vente du sel (en dehors de l'impôt sur le sel) . .	11 229 656 -	
De l'administration de la justice	15 678 127 -	
Différents autres revenus qui ne sont pas des impôts .	7 145 944 -	
Total		130 579 346 -

Donc les recettes provenant des impôts, ne sont que de . . . . 201 581 573 fr.

A cette somme, nous ajoutons pour les frais de l'instruction élémentaire des enfants que, suivant le (§. 92.) de l'écrit cité ci-dessus, il est à désirer qu'elle soit gratuite, ... 31 875 000 -

Total du montant des impôts 233 456 573 fr.

(Dans le §. 59. de l'ouvrage cité, on a supposé $262\frac{1}{2}$ à $266\frac{1}{4}$ millions de francs d'impôts, parconséquent une rectifications importante était nécessaire ici.)

Maintenant pour percevoir les 233 456 573 fr. d'impôts, il faudra frapper chacune des 58 668 790 unités d'imposition (§. 18.) d'un total *de 4 fr.;* car 58 668 750 unités à 4 fr. donnent la somme de 234 675 000 fr., de sorte qu'il restera encore au dessus de la somme nécessaire, celle de 1 218 427 fr. pour couvrir les non-valeurs.

Voici comment ces impôts devront-être répartis:

Classes		Nombres des familles.	Dépenses annuelles de la famille	Impôts pour chaque famille	
				Nombres des unités d'imposition	Totaux fr.
Nro.	1. . .	645 000 . . .	281¼ . . .	3¾ . . .	15
-	2. . .	1 100 000 . . .	562½ . . .	7½ . . .	30
-	3. . .	800 000 . . .	1 125 . . .	15 . . .	60
-	4. . .	550 000 . . .	2 250 . . .	30 . . .	120
-	5. . .	150 000 . . .	4 500 . . .	60 . . .	240
-	6. . .	50 000 . . .	11 250 . . .	150 . . .	600
-	7. . .	5 000 . . .	45 000 . . .	600 . . .	2400
	Total	3 300 000.			

Classes		L'impôt fait sur la dépense	Total du montant de l'impôt
No.	1. . .	5⅓ p. c. . . .	9 675 000 fr.
-	2. . ,	5⅓ - - . . .	33 000 000 -
-	3. . .	5⅓ - - . . .	48 000 000 -
-	4. . .	5⅓ - - . . .	66 000 000 -
-	5. . .	5⅓ - - . . .	36 000 000 -
-	6. . .	5⅓ - - . . .	30 000 000 -
-	7. . .	5⅓ - - . . .	12 000 000 -
		Total	234 675 000 fr.

L'impôt est également de 5⅓ p. c. pour toutes les classes. Plus bas, on verra que les classes indigentes se trouveraient considérablement soulagées par cet impôt, tandis que les riches n'en seraient aucunement surchargés.

§. 20.

On voit maintenant qu'il ne s'agit nullement, comme il a été dit ci-dessus, de connaître exactement le montant même des dépenses des différentes classes, mais seulement la *proportion* de ces dépenses *entre elles*. Par exemple, si toutes les dépenses, dans leur véritable proportion, étaient déclarées ou taxées d'un cinquième trop bas, et parconséquent le nombre total des unités d'imposition d'un cinquième trop faible, cette erreur ne causerait aucun préjudice; la suite en serait seulement que l'impôt sur l'unité d'imposition devrait être fixé à un quart plus haut, c. à d. à 5 fr., au lieu de 4 fr. Le montant de l'impôt lui même, ainsi que tout le reste, n'en serait pas changé, et personne n'aurait à en souffrir. Ni le gouvernement n'en éprouverait une perte dans sa recette, ni aucun contribuable ne serait chargé au delà de ce qui est juste. Seulement dans le cas où les dépenses plus élevées seraient taxées trop bas, et cela dans une plus forte proportion que les dépenses des classes indigentes, ces dernières classes se trouveraient surchargées; et c'est principalement par cette raison qu'on devra bien se garder de taxer trop haut les dépenses des indigents; comme on l'a déjà observé plus haut.

On voit aussi que pour le cas, où le gouvernement aurait peut-être besoin d'un supplément extraordinaire de recettes, il ne serait point nécessaire d'introduire une nouvelle catégorie d'impôts qui peut-être pourrait tomber exclusivement sur quelques classes ou du moins surcharger les unes ou les autres, mais qu'il serait seulement besoin d'une augmentation du taux de l'impôt pour l'unité d'imposition, qui frapperait alors toujours sur toutes les classes, et toujours dans la juste proportion. Par exemple, s'il fallait au gouvernement une augmentation de recettes égal au dixième de la somme totale qui lui revient par l'impôt, il n'y aurait qu'à fixer l'impôt sur l'unité d'imposition à 4 fr. 40 cent. au lieu de 4 fr. La contribution de toutes les classes s'accroîterait alors d'un 10ème, et pour chacune d'elles dans une même et égale proportion.

§. 21.

Nous arrivons maintenant à la question de savoir de quelle manière l'impôt unique et général devra être *perçu*.

Au premier coup d'oeil, le mode le plus simple paraît être de percevoir de toutes les classes en argent comptant et dans des termes convenables l'impôt général, à côté duquel toutes les autres contributions (comme cela s'entend), cesseraient d'exister. Mais ce mode de perception ne serait pas seulement très onéreux et très gênant, surtout pour les classes pauvres, mais encore il serait presque impraticable. Cette perception occasionnerait un changement trop considérable, trop subit et trop préjudiciable dans toutes les relations actuelles. Ensuite, la suppression de quelques impôts actuels n'est même pas au pouvoir d'un seul État; par exemple la suppression des droits de douane aux frontières de l'Union. Enfin, suivant l'expérience, il serait presque impossible de recouvrer régulièrement des classes indigentes, un paiement qui, bien qu'il ne soit pas considérable par lui-même, est cependant onéreux pour elles. Au moins cela ne serait pas possible sans une apparence continuelle d'oppression, sans exciter un mécontentement continuel, et aussi sans de grands frais. La perception directe de l'impôt général, en argent comptant, doit donc être considérée comme *impraticable.*

Or, ici s'offre l'expédient suivant, aussi simple que naturel et facile; savoir par la perception de l'impôt sur la *consommation,* ou des contributions dites *indirectes,* qui ne présente aucune difficulté, parceque les contribuables, jusqu'aux plus indigens, les paient dans le prix des objets de leur consommation inclusivement, et par parties très minimes, de sorte qu'elles sont tout à fait imperceptibles. Les contributions indirectes ne deviennent injustes et onéreuses que dans le cas où elles frappent l'indigent dans une proportion trop forte, et si on ne les lui fait pas entrer *en compte* pour ses autres impôts.

Qu'on laisse donc subsister des *contributions indirectes,* telles qu'elles existent actuellement, toutes celles qui, de quelqu'autre côté, ne sont pas nuisibles. Telles sont les taxes sur *le sel, l'eau-de-vie* et *les droits de douane.* Il est vrai que l'impôt sur la fabrication de l'eau-de-vie exige de celui qui le paie une avance considérable, que par cette raison cet impôt est une véritable taxe sur l'industrie, qu'il entrave parconséquent; mais comme il frappe une industrie nuisible, dont la diminution et même la presque suppression totale est désirable, l'impôt sur l'eau-de-vie, dans ce sens, est utile et salutaire. La contribution foncière est, en quelque sorte, une contribution indirecte, mais en même temps, elle est aussi un impôt sur l'industrie, et sous ce rapport analogue à l'impôt sur l'eau-de-vie; mais comme elle frappe une industrie qui, loin d'être nuisible, est au contraire des plus utiles, sa suppression sera désirable au plus haut degré, par cette raison d'abord, et ensuite par celles énoncées dans les (§. 33. et 34.) de l'ouvrage cité. L'impôt sur le timbre est aussi un de ceux que l'on pourra convenablement laisser subsister. Il sera facile d'éviter que personne ne soit surchargé par cet impôt, si, à chaque feuille timbrée, on ajoute une marque de l'impôt, ayant cours et valeur d'argent comptant pour toute espèce de paiement d'impôt.

Tous les autres impôts actuels, la contribution foncière y comprise, devront être *supprimés*. Car surtout ceux de ces impôts qui gênent la production des choses utiles ou l'industrie, le commerce et le mouvement, sont nuisibles en eux-mêmes; en partie déjà par les difficultés que présente leur perception qui trop souvent entraîne au moins l'apparence de l'oppression et de l'injustice. Tels sont: la contribution foncière, le péage sur les routes, l'impôt sur la drèche (le malt), sur la culture des betteraves, sur la fabrication du sucre etc. Tous ces impôts sont des taxes qui, pour ainsi dire, frappent sur les semences, au lieu de frapper sur la récolte, tandis que même cette dernière n'est pas soumise à l'impôt, mais que ce n'est que sa consommation qui en devient un objet; ce sont des entraves aux mains de celui qui veut travailler; ce sont des sabots à enrayer, mis à une voiture qui monte une colline. L'impôt sur la moûture, et sur la boucherie du bétail devra être aussi supprimé, parceque sa perception est trop difficile à la campagne et trop onéreuse dans les villes. Il s'entend que l'impôt actuel, dit par classes, doit être supprimé. Cela posé:

De toutes les contributions indirectes conservées, on portera au compte des contribuables, la quote-part qui les frappe dans une juste proportion, et on leur demandera seulement le reste en argent comptant.

§. 22.

Le montant des contributions indirectes énoncées ci dessus à conserver, est, suivant le budget de la Prusse pour 1849:

L'impôt sur le sel (le revient net)	20 440 875 fr.	
L'impôt sur l'eau-de-vie .	16 842 169 -	
		37 283 044 fr.
Les droits de douanes . .	48 900 000 fr.	
L'impôt sur le timbre . .	13 341 514 -	
		62 241 514 -
	Total	99 524 558 fr.

(Dans l'ouvrage cité, on n'avait au (§. 62.) supposé que $93^3/_4$ millions.)

Donc du montant total de l'impôt de l'État de 233 456 573 - (§. 19.) il ne reste à percevoir directement, en argent comptant, que la somme de . . . 133 932 015 fr.

Mais cette somme n'est pas à repartir sur les contribuables dans la même proportion que la somme totale de l'impôt, parceque les contributions indirectes frappent les contribuables, et doivent parconséquent leur être portées *en compte* dans une autre proportion.

Savoir: Des impôts sur le sel et l'eau-de-vie, une partie *égale* frappe toutes les familles sans exception, parceque chacune d'elles a besoin d'une quantité égale de sel, et qu'aussi une partie égale d'eau-de-vie est à évaluer pour toutes; les plus aisées consomment l'eau-de-vie pour la brûler, ou dans d'autres buts. Donc des 37 283 044 fr. d'impôts sur le sel et l'eau-de-vie, une part égale tombe sur les 3 300 000 familles. Cela produit $11^1/_4$ fr. à peu près pour chaque famille; et l'on doit d'abord porter cette somme également *en compte* à toutes, sur leur impôt.

Le revient des droits de douane ne peut pas être reparti par parties égales, sur les différentes classes; car celui qui dépense peu, n'achète que peu des marchandises qui sont imposées aux frontières. Il est fort naturel de supposer que chacun achète de ces denrées, *en proportion de ses dépenses;* donc sa quote-part de revient des droits de douane devra être évaluée suivant cette même proportion. Dans notre calcul, seulement approximatif, nous admettrons la même proportion pour l'impôt sur le timbre; ce qui aussi sera assez conforme à la réalité, tandis que cet impôt peut aussi être réparti encore plus équitablement de la manière indiquée dans le (§. 21.).

Donc le montant des droits de douane et de l'impôt sur le timbre, devra être réparti sur les contribuables en proportion de leurs dépenses. La somme totale des dépenses des $3^3/_{10}$ millions de familles était suivant (§. 18.) de 78225000 unités d'imposition à $56^1/_4$ fr. Donc des 62241514 fr. d'impôts aux frontières et sur le timbre, il revient 79,56 centimes pour chaque unité d'imposition; par conséquent ce qui, des impôts sur le sel, l'eau-de-vie, l'entrée des denrées et le timbre, doit être *porté au compte* des différentes classes est, comme suit:

Classes	Dépenses en unités d'imposition	Partie des impôts aux frontières et sur le timbre: par unité	cela produit	Partie des impôts sur le sel et l'eau-de-vie	Totaux
			fr.	fr.	fr.
No. 1.	5	79,56	3,979	11,25	15,229
- 2.	10	79,56	7,958	11,25	19,208
- 3.	20	79,56	15,906	11,25	27,156
- 4.	40	79,56	31,823	11,25	43,073
- 5.	80	79,56	63,656	11,25	74,906
- 6.	200	79,56	159,135	11,25	170,385
- 7.	800	79,56	636,512	11,25	647,762

Donc elles n'auront à payer directement et en argent comptant, suivant le (§. 19.), que ce qui suit:

Classes	Dépenses par an fr.	Impôt total fr.	à rabattre fr.	reste à payer
No. 1. . .	$281\frac{1}{4}$ . . .	15 . . .	15,229	*Rien,* mais au contraire à rembourser encore 22,9 centimes
				fr.
- 2. . .	$562\frac{1}{2}$ . . .	30 . . .	19,208 . . .	10,792
- 3. . .	1125 . . .	60 . . .	27,156 . . .	32,844
- 4. . .	2250 . . .	120 . . .	43,073 . . .	76,927
- 5. . .	4500 . . .	240 . . .	74,906 . . .	165,094
- 6. . .	11250 . . .	600 . . .	170,385 . . .	429,615
- 7. . .	45000 . . .	2400 . . .	647,762 . . .	1752,238

On voit par là que la classe la plus indigente, les véritables pauvres, non seulement n'auront rien à payer directement, mais que par la taxe sur le sel et l'eau-de-vie, ils paient déjà 22,9 centimes de *trop*; que l'on pourrait leur rembourser, en leur vendant le sel à un prix plus modique, si d'ailleurs la surcharge n'était pas trop insignifiante.

Quant à la seconde classe, à $562\frac{1}{2}$ fr. de dépenses par an, il serait peut-être encore un peu difficile de lever sur elle les 10,792 fr. par an, ou environ 90 cent. par mois, *directement* et en *argent comptant*; mais comme cette classe sera presque entièrement composée d'ouvriers et de domestiques, la difficulté serait amoindrie, sinon levée, si ces individus s'arrangeaient de manière que leurs *maîtres* payassent l'impôt pour eux, comme partie de leur salaire, et qu'alors l'impôt fut perçu sur les *maîtres*.

Pour tous les autres, la perception de la part *directe* de l'impôt n'aurait point de difficultés. Aux salariés, à tous les fonctionnaires et employés, on ferait d'abord la retenue de l'impôt sur leurs appointemens; et les autres pourraient encore être soulagés par la mesure de mettre en compte, à la fin de l'année, ce que coûte proportionnellement la *perception*, à ceux qui déclarent vouloir verser eux-mêmes leurs impôts dans la caisse de l'État et qui l'ont fait dans le courant de l'année.

Or, toutes les classes, surtout les pauvres, épargneraient d'abord directement la taxe actuelle dite par classes, la taxe sur l'industrie et les frais de l'instruction élémentaire de leurs enfans, qui, pour ceux qui sont chargés d'une nombreuse famille, sont véritablement accablants; puis indirectement leur part de l'impôt sur la moûture, sur la boucherie du bétail, sur la drêche, et leur part de contribution foncière, dont la suppression, au moins au bout de quelque temps, leur procurerait du pain, de la viande et de la bière à plus bas prix, de sorte que ces classes seraient considérablement soulagées par l'imposition en proportion des dépenses, tandis que les classes plus aisées ne seraient nullement surchargées, vu que leur impôt direct ne représenterait qu'environ la 25ème partie de leurs dépenses.

Il serait facile de diminuer encore davantage la part directe, c. à d. celle de l'imposition qui reste à payer en argent comptant; au moins dans les endroits où l'impôt sur la moûture et sur la boucherie est introduit. Il n'y aurait qu'à laisser subsister ces impôts particuliers, peut-être plus ou moins réduits. Le premier de ces deux impôts revient, en moyenne, à 15 fr. par an pour la famille de 5 personnes, le dernier à 10 fr.; et comme ces impôts, au moins celui sur la moûture, analogue à l'impôt sur le sel, pèsent également fort sur toutes les familles, et que par suite leur montant serait à défalquer de la partie directe de l'impôt de tous, on pourrait aisément parvenir à complètement annuler la partie *directe* de l'impôt, aussi de la classe No. 2 à $562\frac{1}{2}$ fr. de dépenses, et à réduire l'impôt direct, même de la classe No. 3, à 1125 fr. de dépenses, jusqu'à un quart.

Toutes les contributions dites indirectes qui frappent la consommation, si elles sont de nature à n'être pas trop exposées à la fraude, et que leur perception ne soit pas trop blessante et difficultueuse, sont préférables aux contributions directes. Car d'abord leur perception est plus facile et leur rentrée plus sûre, parcequ'elles ne sont perçues que sur un moindre nombre de personnes qui les répartissent ultérieurement sur les objets de consommation. D'un autre côté, elles sont moins onéreuses et sensibles aux contribuables, parceque ceux-ci les paient, non pas sur le champ, mais par parties très minimes, et qu'ils ne sont pas forcés à ce paiement par une contrainte extérieure, mais seulement par celle de leurs propres besoins. Les contributions indirectes, comme il a été déjà remarqué plus haut, ne peuvent devenir effectivement onéreuses et injustes que dans le cas, où la disproportion avec laquelle peut-être elles frappent les contribuables, n'est pas levée; mais jamais elles ne peuvent devenir injustes, si on les porte *en compte* aux contribuables, comme une part du montant total de leur impôt proportionnel. Alors elles sont moins onéreuses que les contributions directes. Donc, si encore d'autres contributions indirectes, hors celles en usage, pouvaient être trouvées et commodément perçues, elles seraient à recommander, et leur perception serait préférable à celle de la partie équivalente de l'impôt direct. Même une augmentation des contributions indirectes usitées et à conserver, surtout celle de l'impôt sur le sel, le timbre et l'eau-de-vie, serait à recommander, car personne n'en serait surchargé. Au contraire l'augmentation serait un véritable soulagement pour les contribuables, par les moyens faciles et commodes de leur paiement; en même temps qu'elle faciliterait la perception de l'impôt total.

§. 23.

Du reste, on doit remarquer qu'à fur et à mesure que le besoin de recettes du gouvernement diminuera peu à peu, par l'amortissement de la dette publique, par la réduction de l'armée, par la simplification de l'administration etc., le montant de l'impôt diminuera dans la même proportion, et la part directe de l'impôt dans une proportion plus forte encore. Par exemple, si les besoins du gouvernement diminuaient d'un $8^{\text{ème}}$, la part de l'impôt à percevoir directement serait la suivante:

Classes	Dépenses annuelles		Impôt total			à rabattre		reste
	fr.		fr.	c.		fr.		
No. 1. .	281¼	. .	13	12½	. .	15,229		***Rien,*** et 2,104 fr. à rembourser
- 2. .	562½	. .	26	25	. .	19,208	. .	7,042 fr.
- 3. .	1125	. .	52	50	. .	27,156	. .	25,344 -
- 4. .	2250	. .	105	-	. .	43,028	. .	61,972 -
- 5. .	4500	. .	210	-	. .	74,906	. .	135,094 -
- 6. .	11250	. .	525	-	. .	170,385	. .	354,615 -
- 7. .	45000	. .	2100	-	. .	647,792	. .	1452,208 -

§. 24.

Maintenant nous donnerons encore le calcul des impôts annoncé ci-dessus, suivant la règle du (§. 12.); savoir, en élevant l'impôt, non pas comme il a été supposé dans le calcul précédent, selon les (§. 10. et 11.), dans la simple proportion des dépenses, mais dans une plus forte proportion, allant jusqu'au double du multiple des dépenses.

Suivant cette règle, une famille de 5 personnes et de la classe No. 1, à 5 unités d'imposition de dépenses, serait à taxer pour 3³/₄ unités: savoir, 5 unités pour 5 personnes font une unité pour chaque personne. Cela doublé, selon la règle du (§. 12.), et 1 en étant défalqué, redonne 1, et 5 unités pour les 5 personnes. Ensuite défalquez, suivant la règle du (§. 10.) 3 fois 5 et 1 fois 10 p. c. c'est-à-dire 25 p. c. ou un quart, pour les 3 enfants et la femme, et vous trouverez 3³/₄ unités.

Dans la classe No. 2., à 10 unités de dépenses, 2 unités viennent sur chaque personne. Ce nombre étant doublé et 1 en étant soustrait, donne 3, et pour les 5 personnes 15 unités, et la déduction faite d'un quart pour les 3 enfans et la femme, 11¹/₄ unités.

Calculé de la même manière pour les autres classes à 20, 40, 80, 200 et 800 unités de dépenses, il se trouve 26¹/₄, 56¹/₄, 116¹/₄, 296¹/₄ et 1196¹/₄ unités à imposer.

Voici le tableau des résultats de ce calcul:

Classes	Nombre des familles	Dépenses annuelles d'une famille		Unités à imposer pour une famille	Totaux des unités d'imposition
		En argent fr.	En unités d'imposition		
No. 1. .	645 000 . .	$281\frac{1}{4}$ . .	5 . .	$3\frac{3}{4}$ . .	2 418 750
- 2. .	1 100 000 . .	$562\frac{1}{2}$ . .	10 . .	$11\frac{1}{4}$ . .	12 375 000
- 3. .	800 000 . .	1125 . .	20 . .	$26\frac{1}{4}$ . .	21 000 000
- 4. .	550 000 . .	2250 . .	40 . .	$56\frac{1}{4}$ . .	30 937 500
- 5. .	150 060 . .	4500 . .	80 . .	$116\frac{1}{4}$ . .	17 437 500
- 6. .	50 000 . .	11250 . .	200 . .	$296\frac{1}{4}$ . .	14 812 500
- 7. .	5 000 . .	45000 . .	800 . .	$1196\frac{1}{4}$ . .	5 981 250
Total	3 300 000			Total	104 962 500

Donc, pour recouvrer les 233 459 572 fr. de recettes du gouvernement, chacune des 104 962 500 unités est à imposer de $2\frac{1}{4}$ fr.; cela produit une somme totale de 236 165 053 fr., donc un supplément de 2 709 053 fr. pour les non-valeurs.

La répartition de cet impôt serait la suivante:

Classes	Nombre des familles	Dépense annuelles de la famille fr.	Impôt à payer pour chaque famille		
			pour unités	à fr.	fait
No. 1. .	645 000 . .	$281\frac{1}{4}$ . .	$3\frac{3}{4}$ . .	$2\frac{1}{4}$ . .	$8\frac{7}{16}$
- 2. .	1 000 000 . .	$562\frac{1}{2}$ . .	$11\frac{1}{4}$ . .	$2\frac{1}{4}$ . .	$25\frac{5}{16}$
- 3. .	800 000 . .	1125 . .	$26\frac{1}{4}$ . .	$2\frac{1}{4}$ . .	$59\frac{9}{16}$
- 4. .	550 000 . .	2250 . .	$56\frac{1}{4}$ . .	$2\frac{1}{4}$ . .	$126\frac{1}{16}$
- 5. .	150 000 . .	4500 . .	$116\frac{1}{4}$ . .	$2\frac{1}{4}$ . .	$261\frac{9}{16}$
- 6. .	50 000 . .	11250 . .	$296\frac{1}{4}$ . .	$2\frac{1}{4}$ . .	$666\frac{9}{16}$
- 7. .	5 000 . .	45000 . .	$1196\frac{1}{4}$ . .	$2\frac{1}{4}$ . .	$2691\frac{9}{16}$
Total	3 000 000				

Classes	Cela fait sur les dépenses	Montant de l'impôt
No. 1. . .	3 pour cent . . .	5 442 187 fr.
- 2. . .	$4\frac{1}{2}$ - - . . .	27 843 750 -
- 3. . .	$5\frac{1}{4}$ - - . . .	47 250 000 -
- 4. . .	$5\frac{5}{8}$ - - . . .	69 609 375 -
- 5. . .	$5\frac{13}{16}$ - - . . .	39 234 375 -
- 6. . .	$5\frac{37}{40}$ - - . . .	33 328 125 -
- 7. . .	$5\frac{157}{160}$ - - . . .	13 457 813 -
	Total	236 165 625 fr.

Dans la perception de cet impôt, on devra porter au compte de chaque famille, comme ci-dessus (§. 22.) $11\frac{1}{4}$ fr. pour ce qu'elle paie déjà par la taxe du sel et de l'eau-de-vie. La même part que ci-dessus des droits de douane et de l'impôt sur le timbre retombe sur chaque famille; car ces impôts ne sont pas répartis en proportion des nombres d'unités à imposer, mais en proportion des dépenses annuelles. Donc la partie de l'impôt à payer en argent comptant sera:

Classes	Dépenses annuelles de la famille fr.	Total de son impôt fr.	à rabattre fr.	reste à payer en argent comptant
No. 1. .	$281\frac{1}{4}$ . .	$8\frac{7}{16}$ . .	15,229	*Rien* et 6,854 fr. à rembourser
- 2. .	$562\frac{1}{2}$ . .	$25\frac{5}{16}$ . .	19,208 . .	6,104 fr.
- 3. .	1125 . .	$59\frac{1}{16}$ . .	27,156 . .	31,886 -
- 4. .	2250 . .	$126\frac{9}{16}$ . .	43,028 . .	83,489 -
- 5. .	4500 . .	$261\frac{9}{16}$ . .	74,906 . .	186,656 -
- 6. .	11250 . .	$666\frac{9}{16}$ . .	170,385 . .	496,177 -
- 7. .	45000 . .	$2691\frac{9}{16}$ . .	647,792 . .	2043,770 -

§. 25.

En comparant les résultats des deux règles de répartition de l'impôt, savoir:

I. Suivant la simple proportion des dépenses:

II. Suivant une proportion plus forte, allant jusqu'au double du multiple des dépenses, on trouve ce qui suit:

Classes	Dépense annuelle de la famille	Impôt total de la famille		Cela fait sur les dépenses	
		Suivant I.	Suivant II.	Suivant I.	Suivant II.
	fr.	fr.	fr.	p. c.	p. c.
No. 1.	$281\frac{1}{4}$	15	$8\frac{7}{16}$	$5\frac{1}{3}$	3
- 2.	$562\frac{1}{2}$	30	$25\frac{5}{16}$	$5\frac{1}{3}$	$4\frac{1}{2}$
- 3.	1125	60	$59\frac{1}{16}$	$5\frac{1}{3}$	$5\frac{1}{4}$
- 4.	2250	120	$126\frac{9}{16}$	$5\frac{1}{3}$	$5\frac{5}{8}$
- 5.	4500	240	$261\frac{9}{16}$	$5\frac{1}{3}$	$5\frac{13}{16}$
- 6.	11250	600	$666\frac{9}{16}$	$5\frac{1}{3}$	$5\frac{37}{40}$
- 7.	45000	2400	$2691\frac{9}{16}$	$5\frac{1}{3}$	$5\frac{157}{160}$

Classes	Impôt a payer en argent comptant	
	Suivant I.	Suivant II.
No. 1.	*Rien* et 0,229 fr. à rembourser	*Rien* et 6,834 fr. à rembourser
- 2.	10,792 fr.	6,104 fr.
- 3.	32,844 -	31,886 -
- 4.	76,927 -	83,489 -
- 5.	165,094 -	186,656 -
- 6.	429,614 -	496,177 -
- 7.	1752,208 -	2043,770 -

On voit par là que, bien que ceux qui dépensent beaucoup, soient imposés suivant la règle II. dans une proportion plus forte que celle des dépenses, et jusqu'au double de leur multiple, savoir jusqu'à $5^{157}/_{160}$ ou presque 6 pour cent de leurs dépenses, tandis que la classe la plus indigente n'en paie que 3 pour cent, les impôts des différentes classes *ne diffèrent guère sensiblement* de ceux calculés suivant la règle I, savoir dans la simple proportion des dépenses. La classe No. I, celles des plus pauvres, n'a rien à payer en argent comptant suivant les deux règles; elle paie déjà ce qu'elle doit, par l'impôt sur le sel et l'eau-de-vie. La classe No. 2 n'a à payer, suivant la règle II, en argent comptant que 4,688 fr. de moins que suivant la règle I. Quant aux classes 3, 4 et 5, les résultats, suivant les deux règles, ne diffèrent que fort peu.

Seulement pour les classes 6 et 7, les impôts sont sensiblement plus élevés selon la règle II. que suivant celle I.

La cause de cette contradiction apparente est que, si l'on fixe pour les classes aisées, un nombre plus grand d'unités d'impositions qu'il ne leur en revient suivant la simple proportion des dépenses, par ex. pour la classe No. 7. suivant le (§. 24.) $1196^1/_4$ unités, au lieu de 600 suivant le (§. 19.), c. à d. presque le double, le nombre *total* des unités d'imposition est augmenté par là considérablement; de 58 668 750 (§. 18.), il s'élève à 104 962 500, et la conséquence en est que l'impôt sur l'unité descend de 4 fr. (§. 20.) à $2^1/_4$ fr. (§. 24.); mais alors les pauvres, avec leur petit nombre d'unités d'imposition, ne gagnent que peu, tandis que les riches ne paient que peu de chose de plus, mais nullement le double.

Or, comme celui qui paie le *double du multiple* de ses dépenses, savoir 6 pour cent sur ses dépenses, vis-à-vis de l'autre qui ne paie que 3 p. c. sur les siennes, est effectivement taxé au double en comparaison du dernier, et qu'une taxe plus élevée encore, dépasserait tout ce qui est juste et équitable, et de plus qu'une taxe encore plus forte, frappant sur les riches, ne soulagerait les pauvres que faiblement, il est évident que par cette raison, et par celles énoncées au (§. 13.) la règle II. n'est pas à recommander, qu'au contraire il serait plus juste et plus équitable de ne répartir les impôts que dans la simple proportion des dépenses.

D'ailleurs le calcul que nous venons de présenter, offre une preuve bien évidente et certaine, que les pauvres ne seraient toujours que faiblement allégés, si les riches étaient même surchargés au delà de toute mesure. Et en laissant peser sur eux seuls toutes les charges des taxes, on aboutirait progressivement à ce nivellement des biens, comble de l'injustice, qui n'aurait d'autre conséquence que de rendre pauvres ceux qui ne le sont pas encore, sans donner de l'aisance aux indigents, de sorte qu'il n'y aurait plus que des pauvres qui, comme le nivellement devrait se renouveler souvent par la violence, finiraient par s'égorger entr'eux. Mais quelqu'injuste qu'il soit de trop charger les classes aisées, il ne l'est pas moins aussi de taxer au même taux les différentes classes. La justice veut que chacun soit imposé en proportion de ses dépenses.

§. 26.

Les *impôts départementaux et communaux* devront être répartis suivant les mêmes règles que les impôts de l'État.

Les taxes que des privilèges autorisent certains individus à prélever sur d'autres, et qui en partie semblent onéreuses et injustes, parcequ'elles remontent à des temps reculés et sont basées sur d'anciennes coutumes tombées en désuétude, devront être abolies au profit des deux parties: des privilégiés et des contribuables. Mais non pas *sans faire indemniser* les premiers par les derniers, où, dans les cas spéciaux, par l'État. Jamais un privilège ne doit être aboli *sans indemnité,* parcequ'il forme une partie de la *propriété* du titulaire, qui n'a pas introduit l'impôt, mais qui le tient par héritage ou par achat, de sorte que l'abolition sans indemnité serait une spoliation inique, *une atteinte au droit de la propriété.* Une telle atteinte ne doit *jamais* et nulle part avoir lieu; car si elle était reconnue juste et licite une seule fois, l'État, en usant de la même faculté, pourrait empièter sur la propriété non seulement de ceux qui possèdent beaucoup, mais aussi (*ce qu'il faut bien remarquer*) de ceux qui ont peu; et même ces derniers auraient le droit de se piller entre eux. Ce serait alors l'état de la violence, et il aurait pour conséquence une lutte générale, dans laquelle la loi du plus fort prédominerait, et qui amènerait inévitablement l'anarchie et la destruction de la société elle-même.

Mais aussi, il sera, sinon rigoureusement juste, au moins très équitable, de fixer l'indemnité à un taux *si bas que possible,* et d'autant plus bas que le privilège est onéreux, suranné, et qu'il paraît injuste et contestable. Il est vrai que, des devoirs inhérens à la propriété, dont l'un est de ne nuire ni à un seul, ni à tous par l'usage de sa propriété, on pourrait exciper un véritable *droit* de fixer très bas l'indemnité pour un privilège aboli, attendu que les privilèges onéreux nuisent non seulement à ceux qu'ils frappent, mais même aussi à la société, en provoquant et en entretenant un mécontentement général et continuel: mais cette déduction ne serait pas très fondée, parceque le privilégié n'est pas le coupable, et par conséquent ne saurait être puni pour un fait dont il n'est pas l'auteur. Un droit n'existe pas, mais bien *l'équité*, par la raison qu'effectivement le privilège d'un impôt a d'autant moins de *valeur véritable* qu'il peut-être contesté de tel ou tel côté, et qu'il est onéreux. Dans un grand nombre de cas, les privilégiés mêmes feront bien, dans leur propre intérêt, de renoncer à leurs droits les plus onéreux, même *sans* indemnité, parceque leur propriété même deviendra par là d'autant plus inattaquable et qu'elle gagnera en valeur, au lieu de perdre.

§ 27.

En conséquence de tout ce qui a été dit jusqu'ici, on pourra maintenant affirmer, en plein droit, qu'on ferait bien de réaliser effectivement la répartition des impôts selon les règles énoncées ci-dessus, savoir dans la simple proportion des dépenses des individus. Comme les impôts sont une chose qui intéresse tout le monde de si près et si sensiblement: non seulement une cause réelle, ou au moins le prétexte principal du mécontentement serait levé par cette répartition, mais aussi ce serait un acte de justice, et les classes indigentes s'en trouveraient réellement et considérablement soulagées. L'impôt sur le sel et sur l'eau-de-vie, comme nous l'avons vu, dépasse déjà pour les classes les plus indigentes leur part équitable dans les contributions, et de plus elles ont encore à payer l'impôt sur la moûture des blés et sur la boucherie du bétail; de même que ce qui, de la contribution foncière, retombe sur les objets de leur consommation; puis l'impôt sur l'industrie etc., et enfin les frais de l'instruction élémentaire de leurs enfans. Toutes ces charges, qui pour les pauvres sont très considérables, disparaîtraient alors. Déjà la seule suppression de la contribution foncière et la gratuité de l'instruction élémentaire seraient d'un puissant effet sur le bien-être et le *contentement* général, et détruiraient une foule d'inconvéniens par un procédé fort simple qui satisferait tout le monde; ainsi que cela a été expliqué plus en détail dans les (§. 33 et 34) de l'ouvrage cité, pour ce qui se rapporte à la contribution foncière.

§. 28.

Qu'on veuille surtout prendre en considération qu'il est absolument impossible d'arriver à une répartition véritablement juste et équitable des impôts, sans commencer d'abord *par chercher et fixer la quote-part que, suivant la justice et l'équité, chaque contribuable devra supporter dans les besoins de l'État.* Sans cela, il est évidemment inévitable de ne pas surcharger le pauvre et soulager le riche outre proportion. On trouve immédiatement la juste part de l'impôt, par le montant des *dépenses* du contribuable, car elles sont la mesure de ce bien-être et de ce comfort que le bienfait de l'association lui procure, lui conserve et lui garantit, et par conséquent elles doivent être la seule et unique *mesure de son impôt.* La *perception* des impôts peut-être imaginée de différentes manières. La perception directe de l'impôt en argent comptant est trop onéreuse pour le contribuable, et même presqu'impraticable. Le meilleur mode de perception sera évidemment celui qui gênera le moins le contribuable et lui fera le moins sentir l'impôt. Si, comme il a été proposé, on conserve des contributions sur la consommation, celles dont la juste répartition sur les individus est calculable avec une préçision suffisante, et qui en outre gênent et entravent le moins possible l'industrie, le commerce et le mouvement, par ex.: les impôts sur le sel, l'eau-de-vie, le timbre et les douanes, la perception des impôts s'opèrera facilement. Ensuite, comme cela s'entend, on devra *tenir compte* au contribuable du montant de ces impôts, parcequ'il les aura déjà payés par cette voie, et on ne lui demandera directement que le reste de sa part totale: reste, qui alors, comme nous l'avons vu, est si modique qu'il pourra être perçu sans difficulté. On pourrait même, si on le voulait, conserver tous les impôts actuels, tels qu'ils existent aujourd'hui; mais cela n'occasionnerait que des calculs et même des remboursemens inutiles, et la gêne de l'industrie et du mouvement résultant de la perception de certains de ces impôts, ne serait pas levée. Mais de quelque manière qu'on établisse la perception des impôts, il s'agit toujours *principalement*, et il est *indispensable* de calculer et de fixer d'abord *la part* de contribution qui, selon la justice et l'équité, tombe sur chaque contribuable. Sans cela il est impossible d'être sûr que l'on n'a pas surchargé les uns et allégé les autres outre mesure.

§. 29.

Les calculs précédents donnent encore lieu à une remarque fort importante; c'est qu'un budget en apparence et même réellement très élevé, n'est pas encore, comme on le prétend souvent, réellement pesant et onéreux pour telle ou telle classe, quelqu'énorme que soit le chiffre des millions qui le composent. Un gros budget n'est écrasant que dans le cas où les impôts ne sont pas *répartis équitablement*. Les besoins du gouvernement prussien, équitablement répartis, n'exigent, comme on l'a vu dans les calculs ci-dessus, que *$5^1/_3$ p. c. ou la 19ème partie des dépenses* des individus, et cela n'est nullement écrasant, même pour les plus nécessiteux, tandis que pour ces derniers, les impôts levés de la manière décrite, sont presqu'imperceptibles.

Nous ferons remarquer, *en passant*, que même dans l'état *actuel* des choses, ceux qui croient améliorer la situation de la nation, surtout en décriant ce qui existe, commettent à la fois un tort et une injustice, en disant que les 334 millions, formant le budget de l'État répartis sur les $3^3/_{10}$ millions de familles composant la population de la Prusse, frappent en moyenne, chaque famille d'un impôt de 101½ fr., c. à. d. de plus de 20 fr. par tête, ce qui en effet serait tout-à-fait écrasant pour les pauvres. Ceux-ci, pour améliorer cet état de choses, proposent alors de réduire les fonds destinés à des entreprises utiles, à la prospérité des sciences et des arts, ou, au lieu de restreindre le nombre des employés de l'Etat, de réduire leurs appointemens, au point qu'ils ne puissent remplir leurs fonctions avec conscience et intégrité, ou aussi, par un excès de pusillanimité, de réduire l'effectif de l'armée, ce qui exposerait l'Etat à devenir la proie des étrangers et ouvrirait un champ libre aux ambitions des déstructeurs, dans l'Etat même. D'abord, il n'est pas vrai que tous les 334 millions de recettes reviennent au gouvernement par la voie des ***impôts;*** plus de 131 millions ne lui reviennent pas par les impôts, mais suivant le (§. 19) par d'autres voies, où ceux qui paient la somme, recoivent des objets d'égale valeur en échange de leurs versemens; il n'y a qu'environ 203 millions d'impôts, et cela ne fait que 56¼ fr. par famille et 11¼ fr. par tête; mais tous ces 203 millions d'impôts ne sont pas répartis par parts égales; seulement les 37½ millions d'impôts sur le sel et l'eau-de-vie qui font 11¼ fr., et l'impôt sur la moûture, où il est en usage, qui fait 15 fr. par famille, le sont. Tous les autres impôts sont déjà répartis plus en vraie proportion, et n'atteignent les pauvres que faiblement, de sorte qu'une famille pauvre n'a à payer que 26 à 30 fr. d'impôt par an, non pas 56 et encore moins 101½ fr.

C'est là environ l'état actuel des choses; mais si les impôts étaient répartis dans la juste proportion, suivant la règle du (§. 19), une famille indigente n'aurait à supporter par an que 15 fr. d'impôts. Ces 15 fr., elle les paie déjà d'une manière imperceptible par l'impôt sur le sel et l'eau-de-vie, et de plus, elle jouit encore de l'instruction élémentaire gratuite de ses enfants. De leur côté, les classes plus aisées ne seraient pas surchargées. Donc le budget de 334 millions n'est nullement écrasant, et il n'est aucunement nécessaire de prélever, au préjudice de l'Etat, par des épargnes, au delà de ce qui est réellement possible et prudent, sur ce qui est utile et nécessaire.

§. 30.

A cette considération s'en joint une autre non moins importante, c'est que *par une juste et équitable répartition des impôts,* les gouvernemens, sans surcharger les contribuables, trouveront la possibilité de se ménager des moyens puissans, d'un côté, pour être en mesure d'obvier à des calamités imprévues ou inévitables, comme la disette, les maladies contagieuses, la guerre etc., et d'un autre côté pour accélérer le bien-être du peuple par toutes sortes d'améliorations, comme les défrichemens, les irrigations, les dessèchemens de marais, le perfectionnement de l'agriculture, la colonisation à l'intérieur du pays pour procurer une petite propriété aux ouvriers qui en sont dépourvus, par l'extension des canaux, chaussées et chemins de fer, et toutes choses tendant à augmenter la prospérité de la nation. Suivant le (§. 18), la somme totale des dépenses de la population du royaume peut être évaluée à 4394 millions de francs environ. Comme une somme de 44 millions à peu près n'en forme que la *centième* partie, on parviendrait à la réaliser, en augmentant les impôts de *1 p. c.,* c'est à dire, de $5\frac{1}{3}$ à $6\frac{1}{3}$ p. c. ou bien du 19ème au 16ème environ des dépenses. Il serait absolument impossible d'obtenir le même résultat pour plusieurs années, par une augmentation de l'impôt d'après le système actuel, ou par la création de nouveaux impôts, sans surcharger outre mesure une partie de la population; mais les impôts étant répartis dans la véritable proportion, il en est tout autrement. Il ne tombe de l'augmentation de 1 p. c. des dépenses, sur les sept différentes classes:

de $286\frac{1}{4}$, $562\frac{1}{2}$, 1125, 2250, 4500, 11250, 45000 de dépenses par an,
que 2,812, 5,625, 11,75, $22\frac{1}{2}$, 45, $112\frac{1}{2}$, 450 fr. par an,
ou bien 23 c., 47 c., 98 c., 1,87 fr., $3\frac{3}{4}$ fr., 9,37 fr., $37\frac{1}{2}$ fr. par mois,

ce qui n'est onéreux pour personne, d'autant moins, que tous ces centimes ou francs additionnels ne seraient pas à payer en argent comptant, mais pourraient être perçus par quelqu'augmentation des impôts sur le sel et l'eau-de-vie, ou par le maintien d'une partie des impôts sur la moûture et la boucherie.

Or, si le gouvernement employait peut-être la moitié des 44 millions à *l'amortissement de la dette publique*, en versant les intérêts épargnés dans le trésor de l'Etat (où l'argent par l'achat de papiers industriels d'une valeur sûre et réelle, pourrait aussi fort bien produire des intérêts), de sorte que la dette serait amortie en peu d'années: et si l'autre moitié était employée à des améliorations, l'effet en serait immense.

Par le trésor accumulé, le gouvernement serait prêt à parer aux calamités qui pourraient survenir, et ne serait plus contraint de demander à la nation des secours immédiats dans le moment où les calamités éclatent et où une augmentation des impôts lui est d'autant plus onéreuse, et où même des emprunts sont plus difficiles et plus coûteux. La dette publique, après avoir été ainsi amortie, se changerait peu à peu en trésor, et, ce résultat obtenu, non seulement cette partie de l'augmentation des impôts qui y a été employée, pourrait être supprimée, mais aussi l'autre partie destinée aux améliorations; parcequ'alors les anciens moyens affectés aux intérêts de la dette, en prendraient la place; donc l'augmentation entière des impôts pourrait être supprimée. Toute la dette publique serait gagnée, et de plus encore les revenus des améliorations, tandis qu'un trésor aurait été accumulé. Or, les améliorations seraient un véritable et durable accroissement de la richesse nationale, dont les effets allègeraient réciproquement les contribuables dans l'acquittement de leurs charges. Quand plus tard on serait revenu au taux ancien des impôts, les améliorations pourraient même encore être continuées, sans impôt additionnel; car ce qui, jusque là, a été absorbé par les intérêts de la dette, en ferait alors les frais. Et si, une partie au moins du trésor, était placée à intérêts, le montant même actuel des impôts pourrait être diminué du montant de ces intérêts, tandis que les intérêts actuels de la dette resteraient affectés aux améliorations, de manière qu'elles pourraient être continuées même après la réduction des anciens impôts.

Quant aux améliorations, qu'à leur sujet on ne dise pas qu'il n'est pas bien juste d'imposer toute la nation pour exécuter des choses qui parfois ne profitent qu'à certaines classes ou à certaines parties du royaume; car peu à peu elles finissent par profiter à tous, soit médiatement, soit immédiatement, par le soulagement que, par l'effet d'une juste répartition des impôts, les pauvres tirent de l'accroissement de la fortune des autres. L'Etat n'est fort, et la nation n'est puissante que si elle forme un tout. C'est l'effet et le but de l'association elle-même. Des forces réunies s'augmentent mutuellement; des forces isolées et trop souvent opposées, s'affaiblissent et tendent, non pas à la prospérité, mais à la destruction.

Tous les effets énumérés dans ces paragraphes et qui sont si considérables pour le bien-être public, sont *actuellement* impossibles à réaliser; mais il est fort bien possible de les réaliser par le seul moyen *d'une répartition juste et équitable et d'une perception convenable des impôts.*

§. 31.

Dans les derniers temps surtout, la nécessité et l'équité de soulager les pauvres, au moyen d'une répartition plus juste des impôts, ont été parfaitement et généralement reconnues. Mais il serait bien à désirer aussi que le bon vouloir exécutât ses vues dans de véritables et justes proportions, et surtout qu'on renonçât à chercher le soulagement des classes pauvres dans un impôt sur la fortune ou le revenu.

Veut-on qu'un tel impôt soit substitué à tous les impôts actuels; la nouvelle répartition n'est ni juste, ni équitable; car d'un côté les fortunes et les revenus ne sont pas *évaluables,* ni par les propriétaires eux-mêmes, ni encore moins par l'autorité; d'un autre côté, les fortunes et les revenus ne sont pas la véritable *mesure* de l'impôt. Il n'y a que les *dépenses* des individus qui en forment la juste mesure, car elles sont la mesure de leur *bien-être*.

Veut-on, à côté du nouvel impôt, conserver les anciennes taxes, peut-être un peu diminuées, et à l'exception de celle par classes, de sorte que ce nouvel impôt fût comme une nouvelle taxe par classes, on n'est pas sûr non plus qu'alors les contribuables seront frappés par les impôts dans une juste proportion; car d'une part, on n'a pas du tout calculé les montants totaux des impôts qui, pour les individus, offrent la juste proportion; d'une autre part il est impossible de calculer, même approximativement, dans quelle proportion se répartissent sur les individus quelques uns des impôts actuels, par ex.: la contribution foncière, la taxe sur la boucherie etc. Un impôt sur les fortunes ou les revenus, introduit à côté des taxes actuellement existantes, ne serait, (déjà à cause de l'impossibilité d'évaluer les fortunes et revenus) qu'une réquisition très arbitraire faite sur la propriété et le bien-être de la nation, ou plutôt sur les fortunes et revenus supposés non réels, et dépourvue de toute garantie de la proportionnalité qu'on a en vue. Il se pourrait que la disproportionnalité actuelle des impôts fût augmentée au lieu d'être diminuée, et que même par le contre-coup, cette disproportionnalité réagissant des riches sur les pauvres, ces derniers fussent à l'avenir surchargés davantage, au lieu d'être allégés.

Sans doute des raisons peuvent être trouvées et proposées en faveur de l'impôt sur les fortunes et les revenus, car quelle est l'opinion ou le principe, si absurde qu'il soit, pour lequel on ne trouve pas quelque prétexte! On en a bien trouvé pour le duel, l'esclavage etc. Mais évidemment ces raisons ne sont que spécieuses, et les raisons contraires l'emportent de beaucoup sur elles. Ou bien aussi, en renonçant aux raisons, on peut dire que l'impôt sur les fortunes et les revenus ayant été effectivement introduit çà et là, il faut en conséquence qu'il soit aussi praticable chez nous; mais cela ne prouve nullement qu'il soit juste; car l'esclavage, par ex.: a été effectivement introduit aussi, et se maintient toujours encore dans une grande partie du globe, non seulement parmi les barbares, mais encore au sein de nations civilisées, même parmi des peuples qui se prétendent les plus libres du monde, dans les Etats-unis de l'Amérique. Néanmoins l'esclavage est la plus abominable et la plus hideuse des iniquités humaines. Tout ce qui peut-être avancé en faveur de l'impôt sur les fortunes ou sur les revenus: ni les raisons spécieuses, ni même les raisons plausibles mais réfutées par des raisons contraires et irréfragables, ni l'appel à l'expérience, ni enfin de simples opinions, ou aussi quelque force matérielle, par exemple, celle d'une majorité de voix, *ne prouvent rien* en faveur de la justice de ces impôts. Ils ne sont ni justes, ni équitables. Tout ce que l'on pourrait dire en leur faveur, n'est rien vis-à-vis des raisons sérieuses et de la vérité. La vérité plane au-dessus de toutes les opinions; elle est inébranlable.

§. 32.

Si l'impôt sur les fortunes ou les revenus devait absolument être introduit, malgré toutes les raisons qui s'y opposent, les conséquences facheuses ne s'en feraient pas longtemps attendre.

Evalue-t-on les fortunes ou les revenus, les dernières pour les imposer en proportion de leur capital, on ne parvient qu'à une répartition très erronée de taxe, et au nom de la loi même on commet une injustice criante. Exige-t-on des contribuables eux-mêmes la déclaration de leur fortune ou revenus, le mal est encore plus grave, tandis que les méprises ne seront pas moindres; car déjà la seule demande adressée au contribuable de déclarer sa fortune ou ses revenus, blesse sa liberté légale et son autonomie; ensuite la déclaration demandée et faite, peut dans beaucoup de cas, lui causer des dommages et des pertes bien supérieurs à la valeur de l'impôt même. Enfin, (et c'est là le plus grand tort): en exigeant du contribuable une déclaration de sa fortune ou de ses revenus, (déclaration qu'il lui est impossible de faire exactement), on le force de mentir, jusqu'au parjure. La plupart de ceux qui ont besoin de crédit dépasseraient la vérité par leur déclaration, pour gagner un crédit qu'ils ne méritent pas. D'autres ne se feraient pas scrupule de rester au dessous de la vérité. Les plus déloyaux affirmeraient leur déclaration par serment, et les honnêtes gens paieraient plus ou moins pour eux, ou deviendraient leurs victimes d'une manière ou d'autre. L'impôt contribuerait à porter davantage encore atteinte à la probité, à la franchise et à l'honnêteté qui ne sont déjà que trop ébranlées.

Nous nous résumons, en repétant, qu'il est impossible d'exécuter avec justice une loi d'impôts sur les fortunes ou les revenus. Or, toute loi qu'on ne peut exécuter qu'en violant la justice, est une loi mauvaise. Il est vrai que pour de telles lois, on peut recourir à l'expédient de n'agir point avec trop de rigueur, et de fermer les yeux sur les abus qu'elle engendre; mais alors, dans ce cas, la loi n'est plus qu'un instrument du libre arbitre entre les mains de ceux qui sont chargés d'en faire l'application; et le mal en est d'autant plus grave; car alors non seulement ceux pour qui la loi est faite, sont nécessairement forcés de dévier de la verité, mais aussi ceux-même qui exécutent la loi, sont soumis à la même contrainte.

§. 33.

Veut-on absolument insister sur l'impôt sur les fortunes ou les revenus, on se verra bientôt forcé d'y renoncer. Alors peut-être essaiera-t-on d'un autre impôt, mais comme en fin de compte, la véritable amélioration ne peut-être que ce qui est bon et juste, ce ne sera qu'après de longs détours et beaucoup de tâtonnemens qu'on y parviéndra. Or, en considérant combien il serait pernicieux de *changer* souvent une institution si importante, (la loi d'imposition touchant si immédiatement et si sensiblement tout le monde,) le véritable ami de son pays et du bien-être de la population, ne peut que souhaiter ardemment que l'on choisisse d'abord ce qui est, non pas le meilleur expédient peut-être, (car cela est inaccessible à l'imperfection humaine) mais au moins ce qui rationnellement est préférable à tout ce qu'on lui peut opposer; et comme on croit l'avoir prouvé, c'est pour les impôts:

De répartir les recettes dont le gouvernement a besoin, en proportion des dépenses des contribuables, attendu que ces dépenses sont la juste mesure de leur bien-être et par conséquent la véritable mesure des impôts, tandis qu'elles peuvent être déclarées, par les contribuables avec une approximation suffisante, ou être aussi taxées et jugées également, parcequ'elles sont à jour; et puis de percevoir ces impôts sur les dépenses, en partie directement, en partie au moyen des contributions indirectes actuelles, en portant cette dernière partie au compte des contribuables.

Berlin août 1850.

Imprimé chez G. Reimer, à Berlin.

FSC
www.fsc.org
MIX
Papier | Fördert gute Waldnutzung
FSC® C083411

Kolibri 360 GmbH
Ferdinand-Jühlke-Straße 7
99095 Erfurt, Deutschland
produktsicherheit@kolibri360.de